Guía *práctica* del ESPAÑOL CORRECTO

Guías prácticas del
Instituto Cervantes

Guía *práctica* del ESPAÑOL CORRECTO

Florentino Paredes García

ESPASA

Instituto Cervantes

Directora editorial: Pilar Cortés
Coordinadora editorial: Alegría Gallardo
Revisión y edición: Paloma Grande

Diseño de interior y maqueta: Elena Costa Krämer
Diseño de cubierta: Jesús Sanz

Esta obra ha sido publicada con una subvención de la Dirección General del Libro, Archivos y Bibliotecas del Ministerio de Cultura, para su préstamo público en Bibliotecas Públicas, de acuerdo con lo previsto en el artículo 37.2 de la Ley de Propiedad Intelectual.

GOBIERNO DE ESPAÑA MINISTERIO DE CULTURA

Depósito legal: M. 17.242-2010
ISBN: 978-84-670-2927-7
NIPO: 503-09-064-6

Impreso en España / Printed in Spain
Impresión: Unigraf, S.L.

Espasa Libros, S. L. U.
Paseo de Recoletos, 4
28001 Madrid

Índice

Prólogo

El Instituto Cervantes, en consonancia con sus objetivos de promoción de la lengua española y difusión de la cultura de España y de los demás países hispanohablantes, lleva a cabo iniciativas diversas de carácter divulgativo para poner a disposición de los hispanohablantes de todo el mundo recursos eficientes que faciliten el uso correcto de nuestro idioma.

La colección *Guías prácticas del Instituto Cervantes* es uno de esos recursos en constante desarrollo, como viene a demostrar este nuevo título, *Guía práctica del español correcto,* que se suma a la *Gramática práctica del español* y a la *Ortografía práctica del español.* Como las anteriores, esta *Guía* bebe de las últimas teorías de la lingüística y divulga la más reciente actualización de la norma culta panhispánica, en esta ocasión con el fin de orientar, en el cambiante entorno de la corrección gramatical, al usuario no especializado que busca expresarse con propiedad y estilo cuidado en español.

Este nuevo título participa igualmente de los principios de claridad, concisión y precisión expositivas que caracterizaban los dos primeros. Esto se logra, por una parte, con un vocabulario que elude los tecnicismos innecesarios, pero que no renuncia a presentarlos y explicarlos cuando se consideran provechosos para el lector; por otra parte, ofreciendo abundantes ejemplos, en su mayoría tomados del uso real de la lengua, que se muestran contrastados en categorías opuestas —correcto/incorrecto, admisible/preferible— con el fin de facilitar su comprensión.

La *Guía práctica del español correcto* aborda múltiples aspectos de la lengua española —fónicos, ortográficos, morfológicos, sintácticos, léxico-semánticos y estilísticos— sobre cuyo uso normativo puede reflexionar, en un momento dado, un hablante que tenga el español como lengua materna o uno que la haya aprendido como lengua extranjera. La relación de posibles incorrecciones sería poco menos que infinita; por ese motivo, se ha elaborado un *Índice de voces y expresiones incorrectas,* ordenadas alfabéticamente, que permite al lector localizar de inmediato todas aquellas recogidas en esta obra, que son las más habituales en los contextos hablado y escrito de España e Hispanoamérica.

Los tres volúmenes de que consta, por ahora, esta colección se complementan, de modo que cualquiera de los fenómenos tratados en esta *Guía práctica del español correcto* puede consultarse también en la *Gramática* y aquellos referidos a la corrección gráfica, en la *Ortografía;* de esta forma el lector adquirirá, sin duda, una enriquecedora visión de conjunto sobre el concepto que más le interese.

Con esta *Guía práctica del español correcto* pretendemos poner en manos del lector un instrumento práctico que le ayude a sentirse seguro en cualquier circunstancia y medio en los que necesite expresarse en español correcto, e incluso a ser capaz de identificar, explicar y corregir usos que se aparten de la norma culta. Confiamos en lograr nuestro propósito.

CARMEN CAFFAREL
Directora del Instituto Cervantes

Observaciones sobre el contenido de esta *Guía*

La *Guía práctica del español correcto* recoge los usos considerados normativos en el español actual, teniendo en cuenta las recomendaciones de la Real Academia Española y del resto de Academias de la Lengua, así como otros trabajos de gramáticos y especialistas en lingüística normativa.

La obra va dirigida a un público heterogéneo, que incluye desde el especialista hasta el usuario que tiene una duda concreta y necesita de un texto de referencia que se la resuelva. Por ello, ha primado un lenguaje sencillo, con los tecnicismos imprescindibles —y en cualquier caso explicados—, de forma que resulte accesible para todos. Por su brevedad, esta *Guía* no pretende tratar todos los asuntos que ofrecen dudas o dificultades en español ni extenderse en la explicación de los usos incorrectos. No obstante, cuando la ocasión lo requiere, se argumenta la razón o la causa de determinados errores, a la vez que se ofrecen estrategias para evitarlos. No se han tratado aquí problemas como el empleo de las mayúsculas o los signos de puntuación, que pueden consultarse, sin embargo, en otros volúmenes de esta misma Colección.

Las incorrecciones vienen ilustradas, siempre que ha sido posible, con ejemplos extraídos del Corpus de Referencia del Español Actual (CREA) elaborado por la RAE. La mayor parte de los ejemplos procede, por tanto, de textos orales y escritos de ámbitos diversos, periodísticos, científicos, literarios, etc., aunque no se ha renunciado a presentar algunos propios cuando ha sido necesario. Los usos incorrectos, inadecuados o inaceptables aparecen marcados con el signo (⊗) delante del elemento que no se considera correcto y se acompañan de la posible enmienda o propuesta de mejora. En los ejemplos del CREA que sirven para ilustrar un fenómeno incorrecto determinado, se marca la incorrección que se está tratando, pero no otros errores que puedan aparecer en el enunciado. Los casos de agramaticalidad se señalan con un asterisco (*) delante del enunciado que no se ajusta al sistema lingüístico del español. También se usan los asteriscos, pero pospuestos a la palabra, con otros fines, que se explican en el lugar correspondiente. Como ayuda para el lector, aparece entre comillas simples (' ') el significado de algunas palabras o para identificar la acepción que corresponde al contexto en que se está usando.

Dado el carácter de esta *Guía práctica*, no se ha renunciado en ella a emplear expresiones como *correcto, incorrecto, inadecuado, debe evitarse*, etc. Este tipo de advertencias no deben tomarse, sin embargo, como imposiciones o normas taxativas, sino como recomendaciones hechas a partir de lo que establece la norma actual. Por ello, allí donde la norma vacila o no está clara se ha optado por otras fórmulas, como *es preferible* o similares.

Mediante la división en capítulos se ha pretendido que el lector pueda tener un acceso rápido al tratamiento particular de los errores, que aparecen ordenados según el nivel lingüístico en que se producen: nivel fónico-gráfico, nivel morfológico, nivel sintáctico o nivel léxico-semántico. Los índices que se ofrecen al final de la obra, así como las remisiones internas —mediante un paréntesis con el signo «▸», seguido del número de apartado—, ayudarán al lector a encontrar con facilidad lo que busca.

1

¿QUÉ ES LA CORRECCIÓN?

Guía práctica del español correcto

Instituto Cervantes

¿Qué es la corrección?

■ Raramente el dominio que un hablante posee de su propia lengua puede considerarse completo. Lo habitual es que tenga un conocimiento parcial del idioma, que puede ir ampliando a lo largo de su vida añadiendo nuevas palabras a su vocabulario, incrementando el saber sobre el significado preciso y los matices significativos de las palabras que ya posee, recurriendo a estructuras gramaticales nuevas o más complejas, etc. En ese proceso de incremento del saber lingüístico es muy frecuente que se plantee dudas: ¿cuál es el significado de tal palabra?, ¿cuál es el significado exacto de la palabra *x*?, ¿cómo se forma el plural de tal expresión?, ¿está bien usada la locución *z*? Estas dudas ponen de manifiesto que los hablantes contrastan a menudo su propio saber lingüístico con un saber externo a ellos, un saber que reside en la sociedad en la que se desenvuelven y que se manifiesta en la preferencia de unos comportamientos lingüísticos frente a otros.

■ Este contraste de juicios muestra asimismo que no todos los usos lingüísticos son igualmente válidos, sino que entre ellos hay una gradación que puede ir desde lo totalmente inaceptable hasta lo preferible o lo aconsejable en función de la situación. Porque hay que tener en cuenta que el concepto de corrección es polisémico y que sus límites difusos a menudo se entrelazan y confunden con los de otros términos de significado próximo. El *Diccionario de la Lengua Española* (en adelante DRAE) define *correcto* como 'libre de errores o defectos, conforme a las reglas', definición en la que puede verse ya un doble componente de la corrección: uno prescriptivo, de carácter absoluto —lo correcto es lo que está bien, lo que carece de defectos—, y otro contrastivo, de carácter relativo —lo correcto es lo que se ajusta a una determinada regla—.

■ Para precisar el concepto de corrección se hace necesario establecer la relación que hay entre ella y otras palabras con las que comparte significado, como *gramaticalidad*, *adecuación*, *aceptabilidad*, *uso* o *norma*.

§ 1.1 Lo correcto y lo gramatical

■ Para empezar hay que hacer una distinción importante entre *corrección* y *gramaticalidad* o, expresado en términos negativos, como suele ser más habitual, entre *incorrección* y *agramaticalidad*.

Se entiende por *agramaticalidad* el hecho de que una secuencia no se ajuste a las reglas de combinación sintáctica de un idioma. Por ejemplo, una oración como **el coche estaban rotas* es agramatical en español, porque no respeta las reglas de la concordancia, así que posiblemente ningún hablante que tenga el español como lengua materna la usará nunca en la comunicación. Las agramaticalidades, por el contrario, aparecen con relativa frecuencia en los aprendices de español como lengua extranjera.

■ No hay agramaticalidad alguna, en cambio, en una frase como *Que salga el que lo ⊗haiga escrito*: la palabra *⊗haiga* está perfectamente formada en español (compárese con *traiga, caiga*), y de hecho coexistió durante mucho tiempo con plena validez como variante de *haya*. Pero por diferentes motivos, la pugna entre las dos palabras se resolvió con la preferencia de la segunda sobre la primera, de manera que *⊗haiga* acabó siendo considerada incorrecta, esto es, una expresión que no se cree idónea dentro del español general. Sin embargo, la forma sigue estando presente en boca de muchos hablantes de español y su uso no impide la comunicación.

■ Del mismo modo, si se crease una palabra como **naturalanti* resultaría agramatical en español porque viola las reglas de formación de palabras de nuestro idioma, que exigen que el prefijo se sitúe delante del lexema *(antinatural)*. Pero en el caso del adjetivo *⊗antiedad,* aplicado a una crema rejuvenecedora o antiarrugas, se podrá hablar de incorrección y hasta tacharla de calco innecesario del inglés, pero se trata de una palabra que no quebranta ninguna regla de formación de palabras del español. El primero de los ejemplos tiene muy pocas probabilidades de aparecer y, casi con seguridad, desaparecería en el mismo momento en que surgiese. El éxito o el fracaso del segundo, por el contrario, dependerá de la actitud que los hablantes adopten hacia él y es posible que, si considerasen que les resulta útil por los motivos que sea, pudiera acabar incorporándose al caudal léxico del español.

En definitiva, pues, la agramaticalidad es una ruptura del sistema lingüístico, mientras que la incorrección es una desviación de lo que se considera aceptable o adecuado.

§ 1.2 Lo correcto y lo aceptable

■ Un enunciado resulta aceptable cuando los hablantes lo consideran interpretable y producible, es decir, cuando se considera apto para la comunicación. La mayor parte de los enunciados son aceptables porque se ajustan a los requisitos de gramaticalidad señalados en el apartado anterior. Pero hay casos que los hablantes aceptan a pesar de que en ellos se quebranta alguna regla de la gramática. Por ejemplo, es perfectamente posible escuchar en español un enunciado como ⊗*Tú eres el que mandas* aunque en la oración subordinada se incumple la regla de la concordancia entre el sujeto *(el que)* y el verbo *(mandas);* igual sucede en una expresión como ⊗*Habían fiestas*, donde se hace concordar inadecuadamente el verbo de una oración impersonal con el complemento. La concordancia gramatical exige *Tú eres el que manda* y *Había fiestas* respectivamente.

■ La causa de esta aparente falta de congruencia reside en el conocimiento imperfecto que los hablantes poseen de la propia lengua, como hemos señalado, y en que sus intuiciones no siempre coinciden con lo que es lícito en gramática. Ello hace que se juzguen aceptables determinados enunciados por razones extralingüísticas, como el hecho de resultar interpretables sin dificultad, o por la frecuencia de uso. En estos casos, el resultado puede dar lugar a desviaciones de la norma, como los ejemplos que acabamos de señalar. Pero pueden acabar convirtiéndose en el uso obligado, como ocurre en *Nosotras somos las que mandamos*, donde la discordancia de persona entre el sujeto *(las que)* y el verbo *(mandamos)* se ha impuesto sobre la concordancia gramatical **Nosotras somos las que mandan.*

■ Un enunciado es *aceptable* si es admisible o adecuado en una situación concreta de habla, en función de factores no exclusivamente gramaticales, como pueden ser la adecuación al contexto, la conformidad con un registro apropiado con la situación comunicativa, etc.

§ 1.3 Lo correcto y lo apropiado

■ La *propiedad* en gramática se define como el 'significado o sentido peculiar y exacto de las voces o frases'. La *impropiedad* es el resultado de la falta de adecuación entre el pensamiento que el hablante desea transmitir y las palabras que escoge para hacerlo. Se produce, como consecuencia de una inadecuada selección léxica, al utilizar una palabra que no corresponde al significado con el que se usa o que carece del matiz que se quiere expresar. Cuando alguien dice *sendos golpes* queriendo significar 'grandes golpes', incurre en impropiedad, en tanto transmite un significado distinto del que desea transmitir.

■ Naturalmente, igual que se producen cambios en la forma de las palabras, se producen alteraciones en el significado. Los dueños de la lengua son los hablantes, no cada uno individualmente, sino de manera colectiva, y la lengua es una convención entre ellos, un acuerdo que, como todos los acuerdos, está sujeto a renegociaciones y modificaciones —e incluso a que alguien decida romperlo—. *Lívido* significaba 'amoratado' y *álgido*, 'muy frío', pero si los hablantes de español han decidido que el primero signifique también 'pálido' y el segundo, 'muy caliente', pues habrá que aceptarlo, aun reconociendo la contradicción con los anteriores significados y la ambigüedad que pueden crear los nuevos valores. Y así lo ha hecho el diccionario, que en última instancia no es sino el libro en el que se da cuenta del significado preciso de las palabras en un momento determinado. Pero justamente por cumplir esa función, digamos, «notarial», el diccionario permite el consenso para establecer la frontera entre lo que es correcto y lo que no es correcto, que es lo mismo que decir entre lo que se acepta por la mayoría y aquello a lo que aún no se le otorga validez general. Así, si alguien decide usar la palabra *libro* con el significado de 'banqueta', tendrá toda la libertad de hacerlo, pero se podrá decir con plena justicia que no está usando *libro* en su significado propio, esto es, en ninguna de las acepciones que convencionalmente los hablantes de español damos a la palabra.

■ La impropiedad puede deberse a causas muy diversas, pero el origen principal de la misma estriba en el carácter difuso e inestable que tiene el significado de las palabras. Lo habitual es que el hablante común conozca solo de manera aproximada los valores y los matices significativos de una determinada palabra, lo que le puede llevar a usarla como sinónimo de otra en contextos en los que tal sinonimia no corresponde (► **5.1**, **5.2**). Por otra parte, la similitud en la forma de dos palabras hace que los significados de ambas se atraigan y puedan llegar a confundirse, como sucede en el caso de los *parónimos* o palabras que se asemejan en la forma (► **5.2.2**). Un tipo particular de impropiedad es el que se produce por desajuste semántico en la combinación de palabras, al complementar una de significación positiva con otra de valor negativo o viceversa (► **5.2.1**).

§ 1.4 Lo correcto y lo adecuado

■ Vinculada a la corrección está también la adecuación. La *adecuación* depende del acierto en la elección de las unidades lingüísticas en función del tema que se esté tratando, de la intención del emisor, de la relación interpersonal entre los interlocutores y de las condiciones en las que se produce y se transmite el enunciado. No se mide en términos absolutos, sino relativos. Un enunciado resultará más o menos adecuado en función de que se ajuste en mayor o menor medida a la situación en la que se produce la comunicación. Los dialectalismos o los coloquialismos no son inadecuados de por sí, y hasta puede haber vulgarismos que, en determinadas circunstancias, sean la expresión más adecuada. Los dialectalismos o los coloquialismos tampoco son incorrecciones idiomáticas, sino expresiones que tienen un ámbito de uso, fuera del cual no resultan aceptables, del mismo modo que resulta pedante el lenguaje engolado o hiperculto dentro de una conversación coloquial.

■ La adecuación de un enunciado tiene que ver también con el tipo de elementos seleccionados en función de que se trate de comunicación oral o escrita. Hay situaciones, además, en las que hay que prestar especial atención a los usos lingüísticos, mientras que en otras no se requiere tanto cuidado: se producen así los estilos de habla más esmerados o formales frente a los estilos más relajados, coloquiales o informales.

■ Muchos vulgarismos son resultado de la inadecuación o el desajuste en la selección del registro lingüístico, especialmente cuando se seleccionan términos correspondientes a estilos informales en situaciones en las que se requiere una mayor atención al discurso propio. Se considera incorrecto por inadecuado usar *pinreles* por *pies* o decir de algo que *es un tostón* para expresar que *es pesado* o *aburrido* cuando la comunicación se desarrolla en un contexto que requiere un estilo formal, alejado de lo coloquial. Aunque en determinadas circunstancias pueda ser un recurso adecuado, y hasta necesario, en general se considera vulgar el uso de palabras malsonantes, como los juramentos, las blasfemias, los tacos o exabruptos.

■ En relación con el nivel cultural de los hablantes se suele diferenciar entre habla culta y habla vulgar. El habla culta corresponde a los hablantes de mayor nivel educativo, mientras que el registro vulgar está asociado a los de nivel de instrucción más bajo, y se caracteriza por la presencia de los llamados vulgarismos. Un *vulgarismo* (► 5.1) es un uso lingüístico que la sociedad repudia por considerarlo falto de prestigio, ya sea por tenerlo como propio de grupos sociales de baja instrucción o de grupos marginales, ya sea por considerarlo uso anticuado. Caracteriza al vulgarismo, por tanto, el rechazo social que provoca, rechazo que puede derivar en la exclusión social de los hablantes que lo producen. Hay que tener en cuenta que el rechazo también es graduable, por lo que no todos los vulgarismos son de la misma intensidad ni se sitúan en el mismo punto de la escala. Aunque se consideran fenómenos vulgares, probablemente producen más rechazo vulgarismos como ⊗*me se cayó* (por *se me cayó*) o ⊗*pograma* (en lugar de *programa*) que otros como ⊗*deben ser las tres* (por *deben de ser las tres*) o ⊗*disgresión* (por *digresión*).

§ 1.5 Lo correcto y lo normal

■ El *DRAE* da cuenta de la vinculación entre corrección y *norma* al definir esta como el 'conjunto de criterios lingüísticos que regulan el uso correcto'. Desde este punto de vista, la corrección está subordinada a la norma y se considerará correcto lo que esté sometido a los criterios lingüísticos. No queda determinado, sin embargo, de quién o de quiénes surgen estos ni cuáles son las condiciones en las que se generan.

■ Ayuda más a precisar la relación entre ambos la definición, más matizada y precisa, que ofrece el *Diccionario panhispánico de dudas (DPD)*, según el cual *norma* es «el conjunto de preferencias lingüísticas vigentes en una comunidad de hablantes, adoptadas por consenso implícito entre sus miembros y convertidas en modelos de buen uso» (pág. XIII). La norma, pues, es una especie de acuerdo entre los hablantes de una comunidad acerca de los hechos lingüísticos, acuerdo que se traduce en la preferencia de unos usos frente a otros. Y preferir implica tener la posibilidad de elegir entre varias alternativas, que se presentan como susceptibles de ser ordenadas jerárquicamente. De ese modo, entre las posibilidades *haya* y ⊗*haiga*, la norma actual prefiere la primera, igual que elige *somos* en lugar de ⊗*semos*, o determina que el orden es *ninguno más* y no ⊗*más ninguno*.

■ Como se desprende de lo que acabamos de señalar respecto a *haya*/⊗*haiga*, la actitud no es estable, sino que se modifica en función de criterios diversos que pueden ocasionar que la preferencia varíe individual o socialmente. De esta manera, la norma, lejos de ser estática, se va modificando en consonancia con los cambios o variaciones en las preferencias sociales. Estas oscilaciones se muestran claramente en fenómenos como el de la revitalización léxica de las palabras que en un momento determinado cayeron en desuso y que vuelven a ponerse en circulación, a veces con un nuevo significado. Baste el ejemplo de *azafata*, voz que con el significado de 'criada de la reina' había caído en desuso, pero que ha recuperado su vigor a partir del significado 'asistente de vuelo', ampliado luego a cualquier 'persona que atiende al público en compañías de aviación, viajes, etc.' y más tarde a 'auxiliar en los congresos'.

■ La norma está sujeta a modificaciones y lo que hoy se considera correcto ayer pudo ser juzgado como incorrecto y ser objeto de censura. Palabras hoy completamente asentadas en nuestra lengua como *autobús, detective, explotar, planificar* o *tráfico,* entre otras muchas, fueron en otro tiempo objeto de la reprobación por parte de los puristas. Precisamente lo que define la actitud purista ante la lengua es la oposición a cualquier cambio que pueda producirse en un estado idealmente «puro» de la lengua, que el purista suele identificar con el estado en que se halla la lengua en el momento histórico que le ha tocado vivir. Caracteriza al purista, por tanto, su resistencia a cualquier modificación, su renuencia ante todo lo que suponga cambio, proceda este de influencias foráneas o de neologismos creados desde la propia lengua. El purista establece una regla estática, rígida e inamovible y considera reprobable todo lo que se desvía de ella, olvidando que la lengua posee un carácter dinámico, imprescindible para poder adaptarse a las necesidades cambiantes de la sociedad. Por ello, la actitud purista resulta, en definitiva, inútil, pues la lengua es esencialmente instrumento de comunicación y si la sociedad cambia, la lengua ha de cambiar para adaptarse a las nuevas necesidades comunicativas.

■ En el otro extremo de la escala se encuentra la actitud de quienes consideran que todo vale, que cualquier innovación en lengua tiene carta de naturaleza por el hecho mismo de haber sido creada. Frente a lo que pudiera parecer, es una actitud que va en contra de la lengua, porque en último extremo supone una dificultad para la comunicación. Si cada hablante individual creara sus propias reglas y marcara como barrera sus propios criterios, el intercambio de información se haría no ya difícil, sino incluso directamente imposible, como en el ejemplo de *libro* que veíamos antes. Por su carácter social, la lengua requiere la existencia de criterios compartidos, de preferencias comunes que posibiliten que la comunicación fluya.

■ Ya hemos dicho que la norma no la crea el individuo, sino la colectividad en la que el individuo se inserta. Por eso no puede estimarse meramente arbitraria o caprichosa, esto es, no sujeta a criterio alguno. Al contrario, la norma puede caracterizarse como convencional, pues en su establecimiento interviene siempre algún criterio para determinar la prevalencia de una forma sobre otra. Los criterios pueden ser diversos, desde la frecuencia de uso hasta el origen etimológico, pasando por la simple preferencia social o cualquier otro. Además, los criterios pueden considerarse más o menos acertados, lo que implica que sean a menudo discutibles y hasta no aceptados por los hablantes. Pero la norma siempre es creación social.

■ La norma se crea dentro de una comunidad de habla y es precisamente la coincidencia en las preferencias lingüísticas lo que sirve para definir qué es una comunidad de habla, concepto que no hay que confundir con el de localidad o ciudad. Los hablantes de Madrid, Toledo, Burgos o Soria pertenecen a la misma comunidad de habla porque valoran de manera semejante los hechos lingüísticos y adoptan una actitud similar hacia ellos, del mismo modo que coinciden básicamente en sus preferencias los hablantes de las ciudades mexicanas de Jalisco, México D. F., Guadalajara o Puebla. Pronunciar la palabra *cena* como [séna], con ese, o llamar *plomero* al que repara las tuberías del agua se considera lo «normal» en estas últimas localidades, mientras que la «norma» de las ciudades españolas citadas es pronunciar [zéna], con ce, y usar *fontanero* para denominar a ese mismo profesional.

■ Pero, al lado de las normas regionales, válidas para todos los hablantes en los respectivos territorios, existe una norma supranacional, que se corresponde con el carácter internacional del español. Esta norma, que se constituye en modelo de validez general, recibe el nombre de *español estándar* y esencialmente se corresponde con la lengua que se enseña en los centros educativos, la que usan los hablantes de instrucción más elevada, como los abogados, los médicos, los periodistas o los profesores, y los buenos usos que aparecen en los medios de comunicación. Este modo de hablar constituye la norma culta del español y es la que aparece fijada en la gramática, en los diccionarios y en las obras normativas.

§ 1.6 Lo correcto y lo usual

■ La norma establece, como hemos repetido, las preferencias de unos elementos lingüísticos sobre otros dentro de una comunidad de habla. Uno de los criterios fundamentales para establecer la norma de una comunidad, aunque no el único, reside en la frecuencia de uso, de manera que suele considerarse dentro de la norma antes lo frecuente que lo infrecuente o lo raro.

■ Ahora bien, cuando queda asentada en los tratados normativos, los diccionarios, las gramáticas o las ortografías, lo habitual es que progresivamente vayan produciéndose desajustes entre la norma, estática y anclada en un tiempo pretérito, y el uso, dinámico y en evolución permanente. Baste citar algunos ejemplos actuales de este desajuste, que se genera en cualquier nivel de la lengua: la norma prescribe la acentuación de las mayúsculas (▶ **2.2.3**), pero a menudo se encuentran sin acentuar; lo corriente es formar el plural *esquís, tabús,* cuando lo propio de la norma culta sería la terminación*-íes,-úes* (▶ **3.1.2e**), y cabría preguntarse hasta qué punto son seguidas las propuestas normativas de adaptación de extranjerismos como *whisky, jazz* o *zoom* (▶ **5.3.1**).

■ En última instancia, las discrepancias entre norma y uso se resuelven siempre a favor de este último, pese a los gramáticos, puristas y estilistas. El uso es el que acaba imponiendo la norma de lo que se considera válido, recto, aceptable o apropiado, como ha quedado ejemplificado en los párrafos anteriores. Esta *Guía* se ocupa precisamente de ese punto en el que los usos sociales y la norma divergen. Es muy posible que muchas de las observaciones que se hagan en estas páginas acerca de lo que se considera fuera de la norma tengan que ser corregidas o rectificadas en el futuro. No sería nada extraño y tampoco debe ser ningún motivo de preocupación, pues lo natural es que la norma evolucione. Pero lo cierto es que la norma de hoy es la que es y su conocimiento constituye una prerrogativa del hablante, incluso en el caso de que decida no seguirla.

§

2

Aspectos fónicos y ortográficos

Guía práctica del español correcto

Instituto Cervantes

2 Aspectos fónicos y ortográficos

2.1 Consideraciones generales sobre la acentuación en español

■ El acento es la mayor intensidad con que se pronuncia una sílaba dentro de una palabra. El español es una lengua de acento libre, lo que quiere decir que la sílaba acentuada o tónica puede encontrarse en posiciones diferentes dentro de las palabras. Según el lugar que ocupe la sílaba acentuada, las palabras pueden clasificarse en cuatro grupos:

	Esquema acentual	Sílaba acentuada	Terminación prototípica	Ejemplos
Agudas	o o o **ó**	última	en consonante distinta de *n* o de *s*	*lle**gar**, **sol**, fe**liz**, bon**dad***
Llanas	o o **ó** o	penúltima	en vocal, en *n* o en *s*	***me**sa, can**ta**bas, estu**vie**ron*
Esdrújulas	o **ó** o o	antepenúltima	irrelevante	***mú**sica, **trá**fico, **prác**ticas*
Sobresdrújulas	**ó** o o o	antes de la antepenúltima	irrelevante	*per**mí**taselo, inven**tán**dotela*

■ La mayor parte de las palabras del español son llanas o agudas. Las palabras esdrújulas constituyen un grupo muy reducido, y más reducido aún es el de las sobresdrújulas. Estas, en realidad, no son palabras estables en español, sino compuestos ocasionales formados por un verbo y pronombres enclíticos (▶ 4.1.1): *pídeselo, entréganosla.*

■ Como norma general, cada palabra solo se acentúa de una manera. No obstante, factores geográficos, históricos y de uso han hecho que un número reducido de voces pueda acentuarse de dos formas, ambas correctas, aunque a menudo una preferible sobre otra. Están en esta situación las palabras siguientes:

- Palabras con el sufijo *-iaco/-íaco: afrodisíaco* o *afrodisiaco, austriaco* o *austríaco; cardiaco* o *cardíaco; maníaco* o *maniaco; policíaco* o *policiaco,* etc.
- Palabras terminadas en *-mancia/-mancía: cartomancia* o *cartomancía, nigromancia* o *nigromancía, piromancia* o *piromancía,* etc.

• Algunas palabras terminadas en *-fito: briofito* o *briófito, epífito* o *epifito, esporófito* o *esporofito, rizófito* o *rizofito.*

• Otro grupo heterogéneo de palabras (la que aparece en primer lugar es la forma preferida):

acné	acne
áloe	aloe
Amazonia	Amazonía
atmósfera	atmosfera
bongo	bongó
cartel	cártel
celtíbero	celtibero
dinamo	dínamo
electrólisis	electrolisis
élite	elite
frijol	fríjol
gladiolo	gladíolo
hemiplejía	hemiplejia
ibero	íbero
mamá	mama

misil	mísil
olé	ole
olimpiada	olimpíada
omóplato	omoplato
papá	papa
pelícano	pelicano
período	periodo
polígloto	poligloto
reuma	reúma
saxofón	saxófono
semiperíodo	semiperiodo
termostato	termóstato
tortícolis	torticolis
travesti	travestí
utopía	utopia

■ La doble acentuación a menudo está relacionada con diferencias entre los usos de España y América, que se produce sobre todo en los préstamos y extranjerismos (▶ **5.3**). Así, en América la pronunciación más extendida es *chofer,* con acentuación aguda como en francés, mientras que en España la pronunciación general es *chófer,* con acentuación llana. Tanto una como otra son igualmente correctas. Estos son algunos casos de acentuación divergente:

América	España
basquetbol	*básquetbol*
beisbol	*béisbol*
bebe	*bebé*
búmeran	*bumerán*
búngalo	*bungaló*
chofer	*chófer*
coctel	*cóctel*
chasís	*chasis*

América	España
futbol	*fútbol*
nené	*nene*
pudín	*pudin*
quepís	*quepis*
video	*vídeo*
biósfera	*biosfera*
estratósfera	*estratosfera*
hidrósfera	*hidrosfera*

§ 2.2 El acento gráfico o tilde

■ El acento gráfico o tilde es el signo que se escribe en algunas palabras para marcar cuál es la sílaba acentuada: *peló* (frente a *pelo*); *monté* (frente a *monte*), *público* y *publicó* (frente a *publico*). La tilde se coloca siempre sobre una vocal.

■ La mayor parte de las palabras en español no necesitan tilde, porque se ajustan a lo que hemos denominado «terminación prototípica» (▶ 2.1).

- ¿Qué palabras se escriben con tilde?
  - Las agudas que terminan en los sonidos que «corresponden» a las palabras llanas, es decir, las palabras agudas que acaban en vocal, en *-n* o en *-s: llegó, canción, Tomás.*
  - Las llanas que terminan en las consonantes que «corresponden» a las palabras agudas, es decir, las palabras llanas que no acaban en vocal, en *-n* o en *-s: azúcar, césped, árbol, Cádiz.*
  - Todas las esdrújulas y sobresdrújulas, que constituyen una excepción en el sistema acentual del español *(víspera, celentéreo, cuéntaselo).*
  - Las que contienen un hiato formado por vocal abierta y vocal cerrada o viceversa (▶ 2.2.1): *decías, actúe.*

PARA RECORDAR

▶ Los monosílabos, como norma general, no llevan tilde. Solo en algunos casos se coloca para diferenciar palabras que tienen la misma forma, pero distinta función. A esta tilde se la denomina *tilde diacrítica* (▶ 2.2.2).

2.2.1 La tilde en los diptongos e hiatos

■ Cuando en una palabra aparecen dos vocales contiguas, puede suceder que ambas pertenezcan a la misma sílaba *(pier-na, cue-llo, lle-gáis)* o que correspondan a dos sílabas distintas *(ve-o, pa-ís).* Si ambas se pronuncian en la misma sílaba, se forma un **diptongo;** se produce un **hiato** si cada una de ellas corresponde a una sílaba distinta.

PARA RECORDAR

▶ El encuentro de dos vocales abiertas, es decir, de *a, e, o,* forma siempre hiato: *ca-er, le-ón, ve-ra-ne-o, te-a-tro, a-ho-rro.* Para que haya diptongo es necesario que se junten una vocal abierta *(a, e, o)* y otra cerrada *(i, u)* o bien dos vocales cerradas: *cau-sa, pei-ne, cie-lo, cuo-ta, hui-da, cui-da-do, prohi-bir, es-toy.*

■ Los diptongos llevan tilde si a la palabra le corresponde según las reglas generales de acentuación. En este caso, la tilde se coloca sobre la vocal abierta:

obligáis: lleva tilde por ser aguda acabada en *-s.*

piénsalo: lleva tilde por ser esdrújula.

graduar: no lleva tilde por ser palabra aguda acabada en *-r.*

■ Los hiatos formados por vocal abierta y vocal cerrada siempre llevan tilde, que se coloca sobre la vocal cerrada, independientemente de las reglas generales de la acentuación (▶ 2.2):

partía: lleva tilde, aunque es palabra llana acabada en vocal.

prohíbes: lleva tilde, aunque es palabra llana acabada en *-s.*

Raúl: lleva tilde, aunque es palabra aguda acabada en *-l.*

■ Cuando el hiato lo forman dos vocales cerradas, se siguen las normas generales de la tilde:

huida jesuita cuídalo chiita

■ Un **triptongo** es la unión de tres vocales en una misma sílaba. En estos casos, la palabra llevará tilde o no según las normas generales. En caso de llevarla, se coloca siempre sobre la vocal abierta:

*averi**güéis:*** con tilde por ser aguda acabada en *-s.*

2.2.2 La tilde diacrítica

■ Hay ocasiones en las que dos palabras coinciden en la forma, como la preposición *de* y el imperativo del verbo *dar,* o el artículo masculino y el pronombre de tercera persona. Para diferenciar este tipo de palabras, en las que una es tónica y la otra átona, una pertenece a una categoría gramatical y otra a otra, una tiene significado pleno y otra es palabra de poco contenido significativo, se recurre a la llamada tilde diacrítica.

■ La tilde diacrítica se coloca sobre la forma que va acentuada en el discurso hablado, no sobre la átona —excepto en los casos de *mi, si* con el valor de notas musicales, del nombre de la letra *de* y de *o* entre números—. Por otra parte, hay que tener en cuenta que la tilde diacrítica no se usa para distinguir palabras de igual forma cuando ambas tienen significado pleno y distinta categoría gramatical (*peine,* sustantivo y verbo; *solar,* sustantivo, adjetivo y verbo; *uno,* numeral y verbo).

■ Las palabras que pueden llevar tilde diacrítica son las siguientes:

- *el/él*
  - *el:* artículo.

    He comprado el pan.
  - *él:* pronombre personal.

    Él ha sido el responsable de la campaña.

- *se/sé*
  - *se:* pronombre personal, reflexivo o recíproco.

    Se lava las manos antes de comer.
  - *sé:* presente de indicativo del verbo *saber* e imperativo del verbo *ser.*

    No me lo sé.

    Sé más prudente.
- *te/té*
  - *te:* pronombre personal.

    No hay quien te gane.
  - *té:* nombre común, 'planta con la que se prepara la infusión'.

    ¿Le apetece otra taza de té?
- *mi/mí*
  - *mi:* adjetivo posesivo y nombre de una nota musical.

    Esta es mi amiga.

    Ha sonado un mi bemol.
  - *mí:* pronombre personal.

    He pedido una hamburguesa para mí.
- *o/ó*
  - *o:* conjunción disyuntiva.

    Trae seis o siete platos.
  - *ó:* conjunción disyuntiva cuando va entre números escritos en cifras.

    Trae 6 ó 7 platos.
- *tu/tú*
  - *tu:* adjetivo posesivo.

    Este es tu asiento.
  - *tú:* pronombre personal.

    Tú no sabes lo que cuesta.
- *si/sí*
  - *si:* conjunción condicional, conjunción completiva y nombre de una nota musical.

    Si tú me dices ven, lo dejo todo.

    Me pregunto si habrán abierto el mercado.

    El fagot prolongó mucho el si sostenido.
  - *sí:* adverbio de afirmación y pronombre reflexivo.

    Sí se sabe lo que ha hecho cada uno en esta tarea.

Esto ya no da más de sí.
Sólo piensa en sí mismo.

- *de/dé*
  - *de:* preposición y nombre de la letra.

    Antonio es de Zamora.
    En ese cartel la «de» ha salido torcida.
  - *dé:* imperativo o presente de subjuntivo del verbo *dar*.

    Dé otro repaso a la lección.
    A quien Dios se la dé, san Pedro se la bendiga.
- *mas/más*
  - *mas:* conjunción adversativa (es de uso casi exclusivamente literario).

    Clamé al cielo, mas no me oyó.
  - *más:* adverbio de cantidad.

    No aguanta más.
    Siete más dos son nueve.
- *aún/aun*
  - *aún:* lleva tilde cuando equivale a 'todavía'.

    No ha respondido aún a mi carta.
  - *aun:* no lleva tilde cuando puede reemplazarse por 'incluso, aunque y siquiera'.

    Aun los que no habían estudiado, aprobaron el examen.
- *sólo/solo*
  - *sólo:* debe llevar tilde cuando es un adverbio de cantidad equivalente a *solamente* y hay riesgo de ambigüedad con su significado como adjetivo.

    Trabaja sólo los fines de semana.
  - *solo:* no lleva tilde cuando es un adjetivo que significa 'sin compañía', 'único'.

    Viajaré solo.
    Llegó con el solo propósito de hablar con ella.

PARA RECORDAR

▸ La tilde es obligatoria únicamente si la secuencia puede producir ambigüedad (▸ 4.5). Un enunciado como *Paseaba solo por la playa* puede significar dos cosas distintas según se acentúe o no la palabra *solo*. Sin acento significa que paseaba sin la compañía de nadie; con tilde, *Paseaba sólo por la playa*, significa que únicamente paseaba por ese lugar. Pero no hace falta colocar la tilde cuando en el enunciado no hay riesgo de ambigüedad: *Solo los residentes tienen derecho a la tarjeta de aparcamiento.*

- *este, ese, aquel* y otros demostrativos
  - Los demostrativos *este, ese, aquel, esta, esa, aquella, estos, esos, aquellos* y *estas esas, aquellas* pueden ser adjetivos, si acompañan a un nombre, o pronombres, si lo sustituyen.

    Este [det] libro no me gusta, prefiero este [pron].

  - No llevan nunca tilde cuando funcionan como adjetivos. Cuando son pronombres, es obligatorio escribirlos con tilde solo en caso de que se pueda producir ambigüedad. Así, no debe llevar tilde un caso como *Estos son mis poderes,* ya que no hay ambigüedad; sin embargo, habrá que distinguir mediante tilde entre *Nombraron a este director* y *Nombraron a éste director,* pues en el primer caso *este* es un adjetivo y, en el segundo, un pronombre.

PARA RECORDAR

▸ **Los demostrativos neutros *esto, eso* y *aquello* no deben escribirse nunca con tilde, pues, a diferencia del resto de demostrativos, son pronombres exclusivamente, por lo que no pueden confundirse con adjetivos. El plural *estos, esos, aquellos* no es neutro, sino masculino.**

- *que, quien, cual, donde, cuando, como, cuanto*
  - Estas palabras llevan tilde en sus usos interrogativos o exclamativos, pero no la llevan en el resto de los casos:

    ¿**Cómo** lo haces?
    Lo hago **como** me ensañaron.

    ¡**Qué** frío!
    Diles **que** cierren la ventana.

    Sabes **quiénes** son los responsables.
    Ellos son **quienes** lo hicieron.

    Hay que ver **cuánto** sabe.
    Responde **cuanto** sabe.

    ¿**Dónde** estamos?
    Estamos **donde** nos propusimos.

PARA AYUDARTE. Con los monosílabos que pueden llevar tilde diacrítica, se puede formar la frase siguiente: *aun·que se dé más, tú o·mi·te el sí.*

2.2.3 Errores frecuentes en el uso de la tilde

■ En español sólo existe el llamado acento agudo (´): *canción*. No debe usarse, por tanto, el acento grave (`): ⊗*cancièn*.

- Errores por defecto

• A menudo se omite la tilde, unas veces debido al desconocimiento de las normas, otras a la falsa creencia de que no es necesaria para la correcta interpretación de los textos escritos, quizá también por influencia de otras lenguas que carecen de este signo gráfico.

• Las palabras escritas con mayúsculas deben llevar las mismas marcas que cuando se escriben con minúscula y, por tanto, deben ir acentuadas si las reglas lo exigen: *PAÍS, ÚTIL, ADMINISTRACIÓN.*

• Los extranjerismos y latinismos asentados en la lengua deben ajustarse a las normas gráficas del resto de palabras del español y acentuarse si la palabra lo requiere (▸ **2.2.5**): *béisbol, fútbol, Milán, récord;* igual ocurre con las expresiones latinas: *quórum, ídem, réquiem, currículum vítae, ad líbitum.*

• En las abreviaturas, si la palabra abreviada lleva tilde y la abreviatura incluye la letra acentuada, esta debe aparecer con tilde:

página → pág. administración → admón.
código → cód. compañía → cía.

- Errores por exceso

• Como se ha señalado, los monosílabos no llevan tilde, salvo en los casos de tilde diacrítica (▸ **2.2.2**). Es un error poner tilde en las formas verbales ⊗*fué,* ⊗*fuí,* ⊗*ví,* ⊗*dió,* ⊗*dí* (correcto: *fue, fui, vi, dio, di*), así como en el pronombre personal de segunda persona ⊗*tí,* que solo se usa como pronombre, a diferencia de los otros dos de la serie, *mí, sí.*

• Con frecuencia se coloca tilde sobre las formas llanas acabadas en *-on* de la tercera persona del plural del pretérito indefinido: ⊗*llegarón* (correcto: *llegaron*), ⊗*dijerón* (correcto: *dijeron*).

• En algunos casos se transfiere erróneamente la tilde del singular al plural o viceversa sin tener en cuenta el cambio de la silabación en la palabra:

  - *jóvenes, imágenes, exámenes, volúmenes* llevan acento por ser palabras esdrújulas, pero no deben llevarlo las formas en singular, ⊗*jóven,* ⊗*imágen,* ⊗*exámen,* ⊗*volúmen,* que son palabras llanas;
  - *carácter* lleva tilde por ser llana acabada en *-r,* pero no debe llevarla en plural ⊗*carácteres,* porque es llana acabada en *-s.*

- Las palabras agudas o llanas que contienen las vocales *u*, *i* consecutivas no llevan tilde, aunque se pronuncien con hiato (▶ **2.2.1**): ⊗*Luís*, ⊗*Ruíz*, ⊗*jesuíta*, ⊗*huída* (correcto: *Luis*, *Ruiz*, *jesuita*, *huida*).

PARA NO EQUIVOCARSE. Palabras en las que suelen producirse errores en la acentuación:

Forma incorrecta	Forma correcta
⊗*áccesit*	*accésit*
⊗*acrobacía*	*acrobacia*
⊗*aerodromo*	*aeródromo*
⊗*albúfera*	*albufera*
⊗*alcalí*	*álcali*
⊗*ansar*	*ánsar*
⊗*aspid*	*áspid*
⊗*áuriga*	*auriga*
⊗*baul*	*baúl*
⊗*bilbaino*	*bilbaíno*
⊗*cabala*	*cábala*
⊗*carácteres*	*caracteres*
⊗*cáriz*	*cariz*
⊗*condor*	*cóndor*
⊗*cónsola*	*consola*
⊗*cuádriga*	*cuadriga*
⊗*especimen*	*espécimen*
⊗*estadío*	*estadio*
⊗*expédito*	*expedito*
⊗*futil*	*fútil*

Forma incorrecta	Forma correcta
⊗*grágea*	*gragea*
⊗*hóstil*	*hostil*
⊗*intérvalo*	*intervalo*
⊗*líbido*	*libido*
⊗*logía*	*logia*
⊗*máiz*	*maíz*
⊗*mastil*	*mástil*
⊗*méster*	*mester*
⊗*monodía*	*monodia*
⊗*oceano*	*océano*
⊗*pais*	*país*
⊗*paralelógramo*	*paralelogramo*
⊗*patina* 'barniz'	*pátina*
⊗*périto*	*perito*
⊗*pristino*	*prístino*
⊗*procer*	*prócer*
⊗*sútil*	*sutil*
⊗*tactil*	*táctil*
⊗*telégrama*	*telegrama*
⊗*túpido*	*tupido*

2.2.4 Acentuación de las palabras compuestas

■ Las palabras formadas por composición han de ajustarse a las normas generales de la tilde según sea la palabra resultante, sin tener en cuenta si las originales llevaban acento o no:

va + *y* + *ven* → *vaivén*, con tilde por ser palabra aguda acabada en *-n*.

corta + *uñas* → *cortaúñas*, con tilde para marcar que se pronuncia con hiato.

arco + *iris* → *arcoíris*, con tilde para marcar que se pronuncia con hiato.

cien + *pies* → *ciempiés*, con tilde por ser palabra aguda acabada en *-s*.

balón + cesto → *baloncesto,* sin tilde por ser palabra llana acabada en vocal.

así + mismo → *asimismo,* sin tilde por ser palabra llana acabada en vocal.

■ Esto mismo sirve para los compuestos que se crean por adición de pronombres enclíticos al verbo:

estate, suponlo, deles, sin tilde por ser llanas terminadas en vocal o en *-s.*

díselo, léela, fíjate, con tilde por ser palabras esdrújulas.

oídme, salíos, reírte, con tilde por contener un hiato de vocal cerrada tónica y vocal abierta átona.

■ No obstante, los adverbios en *-mente* conservan la tilde si el adjetivo inicial la llevaba y no la llevan si en el adjetivo inicial no la había:

cómodo → cómodamente

útil → útilmente

espontáneo → espontáneamente

suave → suavemente

■ En las palabras compuestas que se unen mediante guión, el primer elemento se pronuncia átono; no obstante, en la escritura debe mantener la tilde si la palabra simple la lleva: *físico-químico, teórico-práctico, léxico-semántico.* Del mismo modo, los antropónimos y patronímicos compuestos deben escribirse con la tilde correspondiente, aunque en la pronunciación el primer elemento sea átono: *José Antonio, María Eugenia, Sánchez-Prieto.*

2.2.5 Acentuación de latinismos y extranjerismos

■ Los latinismos de uso general siguen las normas de acentuación del español: *déficit, trívium, quórum, referéndum, vademécum, ad líbitum, delírium trémens, hábeas corpus, córam pópulo.* Se mantienen en su forma latina original, sin tildes, los tecnicismos que aparecen en los textos científicos: *Mangifera indica* (mango), *Dahlia hybrida* (dalia), *Megaptera novaeangliae* (ballena jorobada).

■ En cuanto a los extranjerismos (▶ 5.3.1), los no adaptados no se ajustan a las normas de acentuación del español: *marketing, hardware.* El resto, incluidos los nombres propios, debe llevar tilde o no según las normas generales: *béisbol, cáterin, cupé, escáner, escay, eslogan, Úlster, Taiwán, Dubái.*

§ 2.3 Ortografía de la palabra

2.3.1 Palabras que admiten varias formas gráficas

■ Igual que en el caso de la acentuación (▶ 2.1), aunque la norma general prescribe una grafía única para cada palabra, en un grupo reducido de palabras se aceptan dos o más formas distintas. Algunos ejemplos son los siguientes:

Con *c* y con *z*
acimut - azimut
ázimo - ácimo
bencina - benzina
cebra - zebra
cedilla - zedilla
cenit - zenit
cinc - zinc
cigoto - zigoto
zelandés - celandés
zeugma - ceugma

Con *b* y con *v*
bargueño - vargueño
chabola - chavola
invierno - hibierno

Con *g* y con *j*
giga - jiga 'baile'
jenízaro - genízaro
jineta - gineta

Con *s* y con *z*
bizcocho - biscocho
bisnieto - biznieto
cascarria - cazcarria
casabe - cazabe

Con *c/qu* y con *k*
can - kan
folklore - folclore
kamikaze - camicace
kappa - cappa 'letra griega'
karst - carst
kilo - quilo
kilogramo - quilogramo
kilolitro - quilolitro
kilómetro - quilómetro
kirie - quirie
quiosco - kiosco
vodka - vodca

Con consonante doble o simple
digno - dino
gnomo - nomo
gnóstico - nóstico
nemotecnia - mnemotecnia
nemotécnico - mnemotécnico
psicología - sicología
psicólogo - sicólogo
psicópata - sicópata
psiquiatra - siquiatra
sonámbulo - somnámbulo

Con *h* y sin *h*
acera - hacera
alhelí - alelí
ansa - hansa
arambel - harambel
ardido - hardido
armonía - harmonía
arpa - harpa
arpía - harpía
barahúnda - baraúnda
hatajo - atajo 'grupo de animales'
iguana - higuana
invierno - hibierno
ológrafo - hológrafo
rendija - rehendija
ujier - hujier
urraca - hurraca

Con *hie-* y con *ye-*
hiedra - yedra
hierba - yerba
yero - hiero 'algarroba'

Con distinta vocal
autostop - autoestop
brócoli - bróculi
beicon - bacón
cacahuete - cacahuate
cactus - cacto
caleidoscopio - calidoscopio
camerino - camarín
chapurrear- chapurrar
nerviosismo - nervosismo
quichua - quechua
reembolso - rembolso
reemplazar - remplazar

Otros casos	
agur- abur	*carillón - carrillón*
abolladura - bolladura	*chifonier - sifonier*
ambidiestro - ambidextro	*harén - harem*
arquidiócesis - archidiócesis	*mayonesa - mahonesa*
besamel - bechamel	*mixtura - mistura*
calima - calina	*pijama - piyama*
cantinela - cantilena	*soja - soya*
carbunco - carbunclo	*volframio - wolframio*
carcaj - carcax	

Con tres formas o más
bistec - bisté - biftec
buhardilla - bohardilla - boardilla - guardilla
brahmán - bracmán - brahmín
cachemir - cachemira - casimir
cebiche - ceviche - sebiche - seviche
kétchup - cátchup - cátsup
mejunje - menjunje - menjurje
repantigarse- repantingarse - repanchigarse - repanchingarse
zeda - ceda - zeta - ceta

2.3. 2 Escritura de las palabras compuestas y los numerales

■ Se escriben con guión los nombres y adjetivos compuestos cuando no es una forma estable en la lengua: *italo-argentino, lingüístico-literario.*

■ Se escriben juntos y sin guión los compuestos que tienen carácter permanente o estable: *judeoespañol, asturleonés.*

■ Se escriben separados y sin guión los compuestos en los que solo el primer elemento admite el plural: *horas punta; coches bomba; niños prodigio, máscaras antigás.* También se incluyen en este grupo los nombres compuestos de colores: *azul celeste; amarillo limón.*

■ Las normas para escribir los **numerales** son las siguientes:

• Se escriben en una sola palabra los números cardinales hasta el treinta. Es una incorrección ortográfica escribir ⊗*diez y nueve,* ⊗*veinte y seis* (correcto: *diecinueve, veintiséis*).

• Se escriben en una sola palabra todos los ordinales simples, es decir, los números del uno al diez, las decenas, las centenas, los millares y las potencias de mil: *primero, segundo, tercero,* etc.; *vigésimo, nonagésimo, centésimo, ducentésimo, milésimo, millonésimo, billonésimo…* A partir de la tercera decena, se escriben siempre separados: *cuadragésimo noveno, quincuagésima tercera, sexagésimo octavo.*

• Se pueden escribir en una o en dos palabras los ordinales correspondientes a la primera y a la segunda decena: *decimotercero* o *décimo tercero, vigesimoquinta* o *vigésima quinta.*

2.3. 3 Palabras juntas o separadas

■ Se escriben en un solo tramo y sin guión:

• Las palabras compuestas formadas por un verbo más el complemento: *posavasos, salvamanteles, cubrerradiador, quitanieves.*

• Las formas con prefijo (excepto *ex*): *superimportante, sobredimensionado, posgrado, antiniebla, parafarmacia, prohombre, provida, seudónimo.*

• Pero si al prefijo le sigue un nombre propio o formado por siglas, debe escribirse con guión: *anti-OTAN, pro-Europa.*

ⓘ PARA NO EQUIVOCARSE. Siempre juntas las palabras: *abasto, acaso, aposta, adrede, encima.*

■ Se escriben en dos tramos:

• Los compuestos formados de dos nombres y los nombres de color compuestos (▶ 2.3.2).

• Las palabras prefijadas con *ex* cuando este significa 'que ya no es': *ex alcalde, ex diputado, ex presidiario.*

ⓘ PARA NO EQUIVOCARSE. Siempre separadas las expresiones: *de repente, de acuerdo, a gusto, o sea.*

■ Pueden escribirse tanto juntos como separados algunos compuestos como los que aparecen en el listado siguiente. Se prefiere la grafía escrita en primer lugar, menos en los casos que se marcan con asterisco, donde son igualmente válidas las dos:

a maltraer - a mal traer	deprisa - de prisa
a tocateja - a toca teja	enfrente - en frente
adonde - a donde*	enseguida - en seguida
altamar - alta mar	maltrato - mal trato*
aprisa - a prisa*	tosferina - tos ferina
caradura - cara dura	viacrucis - vía crucis

■ Algunas secuencias se deben escribir juntas o separadas según el significado que les corresponda:

• *acerca de/a cerca de*

• *acerca de:* locución prepositiva que equivale a 'sobre, en relación con'.

Ha realizado un estudio acerca del impacto medioambiental del plástico.

• *a cerca de,* combinación de preposición + adverbio + preposición, que significa 'a aproximadamente, a un número aproximado de'.

El incendio afectó a cerca de doscientas hectáreas.

- *aparte de/a parte de*
  - *aparte de:* locución preposicional que significa 'al margen de', 'además de'.

    No queda nadie, aparte de nosotros dos.

    Aparte de los domingos, voy al cine los miércoles.
  - *a parte de:* serie formada por preposición, el sustantivo *parte* y preposición, equivalente a 'a un grupo de'.

    Quiso felicitar a parte de los empleados por su eficacia.

- *asimismo/así mismo/a sí mismo*
  - *asimismo* (y *así mismo*): Es un adverbio o una locución adverbial que significa 'también'. Se recomienda la escritura en una sola palabra, aunque se admite escribirla en dos tramos.

    El joven reconoció asimismo que había sido el autor del atropello.
  - *así mismo:* locución adverbial modal formada por la unión de los adverbios *así* y *mismo,* que tiene el significado de 'de la misma manera'. Con este sentido sólo puede escribirse separado.

    Si te parece bien, lo dejamos así mismo y mañana continuamos.
  - *a sí mismo:* secuencia formada por la preposición a, el pronombre reflexivo *sí* y el adjetivo *mismo*. Puede tener variación de género y número *(a sí misma, a sí mismos, a sí mismas).*

    Se preguntaba a sí mismo si era la decisión más acertada.

- *conque/con que/con qué*
  - *conque:* se escribe junto cuando se trata de una conjunción consecutiva equivalente a 'así que', que también se usa en el registro coloquial para expresar sorpresa, reproche o contrariedad.

    No nos queda harina, conque rebozaremos el pescado con huevo.

    Conque no quedaba más chocolate, ¿eh?

    – También se escribe junto cuando es un sustantivo masculino, *el conque*:

    A una muchacha que era su amante y que un día lo recibió con el conque de que ya no —dijo Raquel.
  - *con que:* esta secuencia puede ser la preposición *con* más el pronombre relativo, equivalente a *con el que, con la que, con los que, con las que:*

    El martillo con que clavé el cuadro me ha desaparecido.

– También puede ser la preposición más la conjunción *que:*

Bastó con que se lo dijera una vez.

• *con qué:* es una secuencia de preposición y pronombre interrogativo o exclamativo.

¿Con qué cuchara muevo la sartén?

Hay que ver con qué alegría se despierta por las mañanas.

• *demás/de más*

• *demás*: adjetivo o pronombre indefinido equivalente a 'otro'. Puede llevar los artículos *lo, los, las:*

Toma tú estas manzanas y déjame a mí las demás.

Sé feliz: lo demás no importa.

La paella lleva muchas verduras: tomate, pimiento, judías y demás.

• *de más:* conjunto formado por la preposición y el adverbio de cantidad *más*. Cuando se trata de esta secuencia, puede alternar con *de menos:*

Este mes me han pagado de más.

Ese dibujo tiene una línea de más.

• *entorno/en torno*

• *entorno:* sustantivo que significa 'ambiente'. Como sustantivo, se combina con artículos y otros determinantes.

Las condiciones del entorno favorecen el desarrollo o lo dificultan.

• *en torno:* locución adverbial que significa 'alrededor', 'aproximadamente' o 'acerca de'.

Nos acercamos a la hoguera y nos sentamos en torno.

Ha asistido en torno a un millar de personas.

Se celebrará un congreso en torno a la obra de Borges.

• *mediodía/medio día*

• *mediodía:* sustantivo que puede significar 'las doce de la mañana', o una hora próxima a esa, y también 'sur':

Tomaremos cordero a mediodía.

Plantaremos las azaleas orientadas al mediodía.

• *medio día:* combinación del determinante numeral partitivo *medio* y el sustantivo *día:*

Se ha pasado medio día estudiando el examen de Química.

• *porque/por qué/por que/porqué*

• *porque:* conjunción causal equivalente a 'ya que, puesto que'. Es una palabra átona:

He dejado de llamar porque llevo un rato y no me abren.

* *por qué:* secuencia formada por la preposición *por* y el interrogativo o exclamativo tónico *qué.* Se usa en las oraciones interrogativas directas o indirectas:

¿Por qué no nos tomamos unas vacaciones?

Aún se pregunta por qué no lo llamó aquella vez.

* *por que:* puede ser la combinación de la preposición y el relativo *que.* En este caso, se puede introducir un artículo entre ambas palabras *(por el que, por la que, por los que, por las que):*

La razón por que luchaba era su idealismo.

– También puede tratarse de la preposición *por* seguida de la conjunción *que*:

Los sindicatos se inclinan por que no abaraten el despido.

La victoria pasa por que peleemos durante todo el partido.

* *porqué:* sustantivo que significa 'motivo, causa, razón'. Es palabra tónica y va precedida de determinantes *(el porqué):*

Cada uno tiene su porqué para actuar en la vida.

➡ PARA RECORDAR

▶ Es incorrecto usar *porqué* para introducir una oración, en lugar de *por qué* (▶ 4.6.1).

▶ Cuando se usa como sustantivo, debe llevar un complemento introducido con *de:*

No entiendo el porqué de tanta polémica (correcto).
No entiendo por qué hay tanta polémica (correcto).
No entiendo ⊗el porqué hay tanta polémica (incorrecto).

* *sino/si no*

* *sino:* puede ser una conjunción adversativa, usada para indicar oposición a algo negativo expresado anteriormente, o tener otros valores, como 'excepto', 'nada más que'.

No quiero la libreta roja, sino la azul.

¿A quién sino a ti podría recurrir?

No están ocupadas sino las dos primeras filas.

– También puede ser *sino* el segundo término de los elementos correlativos *no solo..., sino (también).*

No solo los jóvenes tienen acceso a la sala, sino también los adultos.

– Por otra parte, la palabra *sino* puede ser también un sustantivo, sinónimo de 'destino':

El sino del hombre es luchar.

* *si no:* unión de la conjunción condicional *si* y el adverbio de negación.

No hace nada si no se lo mandan.

- *también/tan bien*
  - *también:* adverbio de afirmación que expresa que lo que se va a decir se suma a lo que se haya expresado anteriormente.

    Ellos creen que ganarán el campeonato y yo también.
  - *tan bien:* combinación del adverbio cuantificador *tan* y el adverbio de modo *bien*. Se usa en estructuras comparativas *(tan bien… como)* y consecutivas *(tan bien… que)*.

    Baila tan bien como toda su familia.

    Escribe tan bien que seguro que gana un premio.

    Esto es tan cómodo, se está tan bien…
- *tampoco/tan poco*
  - *tampoco:* adverbio de negación que expresa suma a una negación anterior.

    No han traído las lámparas y tampoco han llegado las cortinas.
  - *tan poco:* combinación del adverbio cuantificador *tan* y el indefinido *poco*. Se usa en estructuras comparativas *(tan poco… como)* y consecutivas *(tan poco… que)*.

    La camisa cuesta tan poco como el pantalón.

    La camisa cuesta tan poco que pienso comprarme dos.

    La camisa es tan buena y cuesta tan poco…

§ 2.4 La escritura de los números y las fechas

■ **Preferiblemente con letras:**

- Los números de una palabra:

  uno, doce, setenta, cien, mil...
- Los números redondos de dos palabras:

  Acudieron cien mil personas.
- Los de tres palabras unidas con *y:*

  Cumplió ochenta y siete años.
- Las unidades de medida:

  Recorrimos veinte kilómetros.
- Los números aproximados y los de intención expresiva:

  Nació en el cincuenta y tantos.

  Te lo he dicho cien mil veces.
- Los números que forman parte de unidades fraseológicas:

  Viene aquí cada dos por tres y le da lo mismo ocho que ochenta.

■ **Preferiblemente con cifras:**

- Los números de cuatro o más palabras:

  357, 233 468.

- Los números decimales:

  La división daba como resultado 25,34.

- Los porcentajes superiores a diez:

  Participó el 34% del alumnado.

- Los números referidos a unidades de medida cuando van seguidos del símbolo o de la abreviatura:

  Recorrimos 28 km cada día.

  Tengo tres monedas de 20 cts.

- Los números pospuestos al sustantivo al que se refieren:

  Aparece en la página 23.

  Vivo en la planta 14.

■ Se puede usar el punto o los dos puntos para separar las horas de los minutos: *Son las 12.30 ó 12:30.* En estos casos no se debe usar la coma: *Son las* ⊗*12,30.*

■ Nunca se separan con punto los años, ni los números de página ni los títulos de las leyes o reales decretos: *año 2009, página 3520, Real Decreto 1037/2007.*

■ Según la norma internacional, en los números escritos con cifras se usa la coma para separar los enteros de los decimales. No obstante, en algunos países hispanoamericanos se ha generalizado el uso anglosajón de emplear el punto en estos casos, por lo que se considera también aceptable:

  El número pi equivale a 3,1416 (preferible).

  El número pi equivale a 3.1416 (aceptado).

■ Cuando las cantidades aparecen con cifras, se recomienda que las separaciones de los millares, millones, etc., no se hagan con puntos ni con comas, sino simplemente dejando un espacio en blanco: *37 235 179.*

■ La **fecha** puede escribirse con letras, con letras y números o solo con números. El orden tradicional en español es el siguiente: día *de* mes *de* año, por ejemplo, *15 de marzo de 2009.* Otras formas válidas son simplificar y escribir todo con números: *15-3-2009; 15-III-2009; 15/3/09; 15.3.09.*

- Si el documento en el que figura la fecha va a circular internacionalmente, se recomienda seguir las normas de la ISO (International Organization for Standardization), que proponen emplear la secuencia año mes día, sin preposiciones ni otros signos: *2009 marzo 15.* Se desaconseja usar en español el sistema anglosajón: ⊗*marzo 15 de 2009.*

3

Aspectos morfológicos

Guía práctica del español correcto

Instituto Cervantes

3 Aspectos morfológicos

3.1 Sustantivo

3.1.1 El género

■ Los sustantivos en español, por estar dotados de género gramatical, solo admiten la combinación con los determinantes o adjetivos de un tipo, es decir, o son **masculinos** *(el paquete abierto,* y no **el paquete abierta)* o son **femeninos** *(la procesión lenta,* y no **el procesión lento).* Hay, sin embargo, dos importantes excepciones a esta norma general: nombres que admiten los dos géneros sin variar de significado (**género ambiguo**) y nombres que admiten los dos géneros, pero el cambio tiene valor significativo (**género común**).

• **Género ambiguo:** Son sustantivos de género ambiguo aquellos nombres de objetos y seres inanimados que admiten la combinación con los adjetivos y determinantes de ambos géneros sin variar de significado: *ábside, acné, agave, agravante, ánade, apóstrofe, armazón, arte, azúcar, azumbre, bajante, canal, chinche, cobaya, cochambre, doblez, esperma, estambre, herpe(s), hojaldre, interrogante, lente, linde, mar, maratón, margen, mimbre, orden, pelambre, pringue, prez, pro, pus, reuma* (o *reúma*)*, testuz, tilde, tizne, trípode, vertiente, visa, vislumbre, vodka* (o *vodca*).

• Son también de género ambiguo los nombres propios de ciudades, aunque tienden a funcionar como masculinos los que acaban en *-o* y como femeninos los que acaban en *-a*: *el Toledo barroco; la Guadalajara mexicana.* No obstante, es posible usarlos en ambos géneros: *la imperial Toledo; No quedaba un taxi libre en todo Sevilla.*

• La ambigüedad de los sustantivos no suele ser de carácter general ni producirse en todos los contextos, sino que está sometida a restricciones de diversa índole:

– Restricciones gramaticales: *mar, arte* solo son de género ambiguo en singular: *el/la mar,* pero *los mares,* y no ⊗*las mares; las bellas artes,* no ⊗*los bellos artes.*

– Restricciones semánticas: *maratón* solo admite el femenino para referirse a la prueba deportiva, no en los usos metafóricos de la palabra: *el maratón de Vallecas* o *la maratón de Vallecas,* pero no ⊗*la maratón cultural; canal* es ambiguo con el significado de 'parte más profunda y limpia de la entrada de un puerto' o de 'cavidad longitudinal', en los demás casos es solo masculino o solo femenino; *doblez* es ambiguo exclusivamente con el significado de 'astucia o malicia', no con el de 'pliegue', que es masculino; *interrogante* es solo masculino cuando significa 'signo de interrogación'.

– Restricciones gramaticales y semánticas: *dote* es ambiguo solo en singular y significa 'conjunto de bienes que aporta la mujer al matrimonio' *(la dote o el dote de la esposa);* pero cuando significa 'cualidades personales' debe usarse en femenino *(Posee unas dotes excelentes para la música).*

– Restricciones de carácter geográfico: *pijama* se usa como femenino en la norma culta en algunas regiones de Hispanoamérica; *pus* se acepta como femenino en México y como ambiguo en Chile.

• **Género común:** Tienen género común los nombres de seres sexuados, personas o animales, que admiten la combinación con adjetivos y determinantes de ambos géneros. La elección de uno u otro género depende del sexo del referente: *el atleta* o *la atleta, el comandante* o *la comandante.* Son de este grupo:

• Los sustantivos que acaban en *-ista (accionista, activista, taxista, futbolista, violonchelista, bañista, plusmarquista,* etc.; se excluye únicamente *modista,* cuyo masculino admitido es *modisto),* los que terminan en *-ante, -ente (cantante, agente, amante, ascendiente, ayudante, combatiente, litigante, concursante, radioyente, tripulante,* etc.), los que acaban en *-atra (foniatra, psiquiatra, pediatra,* etc.), los terminados en *-cida (deicida, homicida, magnicida, suicida,* etc.), los acabados en *-a* que pueden aplicarse al varón *(atleta, autómata, aeronauta, albacea, anacoreta, déspota, camarada, espía, esteta, guía, hincha, internauta, reserva, tránsfuga, trepa)* y los que terminan en *-o* que pueden aplicarse a la mujer *(contralto, modelo, piloto, reo, soprano, testigo).*

• Los sustantivos que describen cualidades, por lo común negativas, aplicables a las personas. Pueden ser tanto palabras simples como compuestas: *bestia, bocazas, cabezota, cotilla, esnob, frescales, majareta, manazas, paria, pelma, pelota, tontaina, trepa, veleta, vivales,* etc.; *aguafiestas, caradura, cascarrabias, cantamañanas, engañabobos, metomentodo, mirliflor, papanatas, perdonavidas, rompecorazones, sabelotodo, sacamuelas, tiquismiquis, zampabollos,* etc.

• Algunos nombres simples y compuestos de profesiones y oficios (▸ 3.1.1b) *alférez, cabo, sargento, comandante, general;*

aparcacoches, cazatalentos, guardaespaldas, guardameta, pinchadiscos, recogepelotas, trotamundos.

• Otros sustantivos: *artífice, cantante, comensal, compinche, cómplice, consorte, cónyuge, criminal, detective, intérprete, joven, líder, mártir, portavoz, rehén,*[1] *virgen, yonqui, zombi,* etc.

PARA NO EQUIVOCARSE. No se deben confundir los sustantivos de género ambiguo con aquellas palabras que pueden combinarse con los dos géneros, pero con significados distintos: *el orden/la orden; el margen/la margen; el cólera/la cólera, el cometa/la cometa, el doblez/la doblez, el moral/la moral, el clave/la clave, el pendiente/la pendiente.*

3.1.1 a Género y sexo

■ El género es una propiedad gramatical que se aplica a las palabras; el sexo es una característica biológica de los seres vivos. Desde el punto de vista gramatical, todos los sustantivos tienen género *(el chocolate, la tesis)* y, en los seres sexuados, el género a veces sirve para señalar si el referente es macho o hembra. Una consecuencia de la confusión entre género y sexo ha sido una distinción tradicional dentro del género de los sustantivos, que clasifica como **nombres epicenos** a aquellos que designan seres sexuados y que, sin variación en la forma, pueden referirse tanto a machos como a hembras: *personaje, cocodrilo, ñu, alce, hormiga, jirafa, víctima.* Pero estas palabras o bien son masculinas, como los cuatro primeros ejemplos, o bien femeninas, como los tres últimos. Es decir, solo tienen un género gramatical, por lo que es un error hablar de «género epiceno». (Para la concordancia de estos sustantivos con el adjetivo ▸ 4.2.1).

3.1.1 b El género en los nombres de profesiones

■ En la forma que presentan los nombres de profesiones, cargos y actividades intervienen tanto razones formales —terminación del masculino, etimología, etc.— como condicionamientos de tipo histórico y sociocultural, en especial el hecho de que se trate o no de profesiones o cargos desempeñados tradicionalmente por mujeres.

• Nombres acabados en vocal: Los nombres que acaban en *-o* forman normalmente el femenino en *-a: torero/torera, bombero/bombera, médico/médica, ministro/ministra.* Si acaban en cualquiera del resto de las vocales funcionan en su inmensa ma-

---

[1] La palabra *rehén* puede usarse como epiceno masculino *(el rehén)* o como común *(el/la rehén).*

yoría como comunes: *atleta, cineasta, guía, logopeda, terapeuta, pediatra; cicerone, conserje, orfebre, pinche; maniquí, saltimbanqui, gurú.* Pero hay excepciones: son comunes nombres acabados en *-o* como *piloto, modelo* o *testigo; diácono/diaconisa.*

• Nombres acabados en consonante: Presentan alternancia de género los que acaban en *-or,* bien sea añadiendo *-a (lector/lectora; autor/autora; espectador/espectadora),* bien sea mediante la terminación *-triz (actor/actriz, emperador/emperatriz).* Del mismo modo, los agudos acabados en *-n* y en *-s* forman el femenino en *-a* (*anfitrión/anfitriona, dios/diosa*) o con otros sufijos (*barón/baronesa*).

• Suelen ser comunes en cuanto al género los que acaban en *-ar, -er, -ir* o *-ur* (*el/la auxiliar, el/la ujier, el/la faquir, el/la augur*), los nombres llanos acabados en *-n* (*el/la barman*), los que acaban en *-l* o *-z* (*el/la cónsul, el/la corresponsal, el/la capataz, el/la juez, el/la portavoz)* y los terminados en otras consonantes distintas de las anteriores (*el/la chef, el/la médium, el/la pívot*). Pero de nuevo encontramos aquí excepciones que se apartan de estos usos: *juglar/juglaresa, juez/jueza, aprendiz /aprendiza, concejal/concejala* o *bedel/bedela.*

PARA RECORDAR

▸ Si el nombre de una profesión o cargo está formado por un sustantivo y un adjetivo, ambos elementos deben concordar en género, dependiendo del sexo del referente: debe decirse *la primera ministra, una guarda jurada, una detective privada,* etc., y no ⊗*la primera ministro,* ⊗*una guarda jurado,* ⊗*una detective privado.*

3.1.1 Errores en la asignación de género

■ Algunas palabras en las que se producen a menudo confusiones son las siguientes:

Masculino
almíbar
análisis
apotegma
apocalipsis
aceite
énfasis
detonante
vinagre

Femenino	
aguachirle	*mugre*
apócope	*porción*
apotema	*sartén*
apoteosis	*ubre*
hinchazón	*web*
índole	*variz*
internet	(*o varice o várice*)

■ Ciertos vulgarismos se producen al asignar erróneamente género masculino si la palabra termina en *-o (*⊗*el afoto,* ⊗*el arradio)* o femenino si termina en *-a (*⊗*la fantasma,* ⊗*la mapa,* ⊗*la* *eczema).* Otras veces se producen por inadecuada segmentación de la cadena fónica: *una moto* > ⊗*un amoto; un análisis* > ⊗*una análisis.*

■ Históricamente algunos sustantivos admitieron los dos géneros, pero en la norma actual solo se acepta uno: *calor, color, puente* antes admitían el masculino y el femenino, hoy solo el masculino.

■ Para la combinación del artículo *el* con las palabras que comienzan por *a-* o *ha-* tónicas ▸ 3.3.1a.

3.1.2 El número

■ En español hay dos números gramaticales: **singular** y **plural.** La formación del plural de los sustantivos se ajusta a las siguientes normas generales:

- Añaden *-s* al singular los nombres que acaban en vocal átona *(manos, padres, cartas)* o en *-e, -a, -o* tónicas *(cafés, papás, rococós).* También se incluyen en este grupo las notas musicales *(los dos, los res, mis, fas…;* pero el plural de la nota *sol* es *soles).*

- Añaden *-es* al singular los nombres que acaban en consonante, incluida la *y* griega, y algunos de los acabados en *-á, -ó: tres árboles, algunos bueyes, las leyes, muchos albalaes, los noes, los yoes, los síes.*

- Añaden *-s* o *-es* al singular los nombres terminados en *-í,-ú* tónicas: *tabús/tabúes, bisturís/bisturíes, israelís/israelíes.* Por lo general, la forma con *-s* se considera más coloquial.

- Permanecen invariables los nombres que acaban en *-s* o en *-x: las crisis, los bíceps, los ónix, los tórax.*

■ Al lado de las normas generales que acabamos de señalar, hay que tener en cuenta que en español existe una serie de casos particulares, que son los siguientes:

- Palabras que solo tienen plural *(pluralia tantum):* Hay palabras que carecen de la forma en singular y se combinan únicamente con determinantes y adjetivos en plural: *agujetas, ambages, añicos, bártulos, bermudas, boleadores, bruces, bulerías, carantoñas, catacumbas, comicios, corotos, cosquillas, creces, enseres, entendederas, esponsales, exequias, expensas, fastos, fauces, grillos* 'ataduras', *maitines, natillas, nupcias, pertrechos, víveres.*

- Palabras que solo tienen singular *(singularia tantum):* Se trata de nombres que designan entidades únicas, por lo que no se combinan con morfemas de plural: *accésit, caos, caridad, cariz, cenit, este, grima, oeste, salud, sed, zodiaco…*

• Palabras que pueden usarse en singular y en plural sin diferencia de significado: Los sustantivos que se refieren a objetos compuestos de dos partes simétricas pueden usarse indistintamente en singular o en plural: *alicate/alicates, gafa/gafas, pantalón/pantalones, tenaza/tenazas, tijera/tijeras, braga/bragas, calzoncillo/calzoncillos, nariz/narices*. También sucede lo mismo con algunas palabras que designan realidades compuestas de diversos elementos: *bigote/bigotes, sopa/sopas, tripa/tripas, fiesta/fiestas*.

• Doble número: Un caso especial lo constituye la palabra *efeméride*, que admite también el singular *efemérides: la efeméride* o *la efemérides*. El plural es *las efemérides*.

• Desplazamiento acentual entre el singular y el plural: Por lo general, el sustantivo mantiene el acento en la misma sílaba en singular y en plural (▶ 2.2). Son excepciones las siguientes palabras: *carácter/caracteres; espécimen/especímenes; régimen/regímenes*.

3.1.2 a El plural de los nombres compuestos

■ En los nombres compuestos formados por dos sustantivos en los que el segundo actúa como modificador del primero solo lleva la marca de plural el primer elemento: *horas punta*, y no ⊗*horas puntas; carriles bici* y no ⊗*carriles bicis; comidas basura*, y no ⊗*comidas basuras*. Asimismo, solo lleva marca de plural el sustantivo si el compuesto está formado mediante un complemento preposicional (*sillas de tijera*, y no ⊗*sillas de tijeras*) o si el segundo elemento es un sustantivo prefijado (*coches todoterreno*, y no ⊗*coches todoterrenos; viviendas multipropiedad*, y no ⊗*viviendas multipropiedades*). No obstante, si el compuesto está formado por un sustantivo seguido de otro que le sirve de atributo o calificativo, pueden llevan marca de plural ambos elementos: *palabras claves, perros policías* (pero también *perros policía*), *ratones machos* (pero también *ratones macho*).

■ Los nombres de color compuestos, formados por la aposición de dos sustantivos, llevan la marca de plural solo en el primero de ellos: *los blancos hueso, los verdes esmeralda*. Sin embargo, cuando funcionan como adjetivos, suelen mantenerse invariables: *unas camisas azul vaquero, los labios rojo carmín*. También suelen permanecer fijos los nombres de color simples que no designan primariamente color: *colores crema, camisas fucsia* (aunque es correcto hacerlos concordar en plural con el sustantivo: *colores cremas, camisas fucsias*).

3.1.2b El plural de los extranjerismos y latinismos

■ No resulta sencillo formular una norma para la formación del plural de los extranjerismos y los préstamos, pues en el proceso de adaptación al español pueden haber intervenido diferentes factores. Dependiendo de ese proceso de adaptación, los extranjerismos oscilan entre el seguimiento de las reglas generales de formación del plural, la simple adición de *-s* independientemente de cuál sea la terminación y la invariabilidad. Se pueden señalar algunas tendencias:

- Si el préstamo termina en vocal o en consonante suelen ajustarse a las normas generales del español, especialmente si se trata de préstamos asentados: *bidés, ertzainas, interfaces, lendakaris, sandwiches; álbumes, lapsus, ratios.*
- Añaden *-s* los extranjerismos terminados en consonante simple o doble y los acabados en *-y: tuaregs, cómics, robots, tours; icebergs, récords; gais, espráis, penaltis; déficits, hábitats.*
- Algunos permanecen invariables: *los trávelin, los zarévich; los currículum, los níhil óbstat.*
- Otros, por último, admiten varias soluciones para el plural: *clubes* o *clubs; chalés* o *chalets; vedets* o *vedetes.*

■ En cuanto a los latinismos, se recomienda que se sustituyan por la forma hispanizada cuando esta exista *(currículo* mejor que *currículum, podio* mejor que *pódium)*. Para la formación del plural, la norma dicta que se añada *-s (ratios, pluses, déficits, hábitats,)* o, en algunos casos, *-es (nomenclátores, álbumes),* aunque los latinismos acabados en *-r* suelen usarse como invariables *(los cónfer, los imprimátur).* No se acepta el plural latino en *-a*: ⊗*los córpora* (correcto: *los corpus*), ⊗*los currícula* (correcto: *los currículos* o *los currículum*). Por otra parte, algunos helenismos presentan plurales irregulares: sg. *hipérbaton,* pl. *hipérbatos* (no ⊗*hiperbatones*).

3.1.2c El plural en los nombres propios

■ En los nombres de persona, lo habitual es poner la marca de plural: *las Marías, los Albertos, los Manueles,* pero pueden alternar varias soluciones *(las Esther* o *las Estheres).*

■ Los apellidos se mantienen inalterables en plural cuando designan a los miembros de una familia *(los Tamayo, los García)* y alternan entre la forma invariable y la marca de plural cuando se refieren a conjuntos de individuos que se apellidan del mismo modo: *los García* o *los Garcías, los Herrero* o *los Herreros, los Cal-*

derón o *los Calderones*. Si terminan en *-s* o en *-z*, suelen permanecer invariables: *los Rodríguez, los Chaves* (pero *los Orgaz, los Orgaces*).

■ Las marcas comerciales no modifican su forma en plural: *los Seat, las Minipímer, los Opel;* no obstante, si la palabra termina en vocal puede llevar marca de número: *las dos Hondas, los nuevos Toyotas.*

3.1.2 d El plural de las abreviaturas, las siglas y los símbolos

■ Las abreviaturas forman el plural según haya sido su proceso de creación:

- Si se ha formado por eliminación de sílabas finales, se añade *-s (págs., códs., caps.)* y, si la abreviatura está formada por una sola letra, se duplica esta (*VV. AA.* o *vv. aa.* 'varios autores', *pp.* 'páginas').
- Siguen las reglas generales de formación del plural (▶ 3.1.2) si la abreviatura se ha formado por eliminación de letras del interior de la palabra: *prales.* 'principales', *dptos.* o *deptos.* 'departamentos'.

■ Las siglas se mantienen invariables en la escritura: *los BOE, los DNI*. Es un uso anglicado que debe evitarse formar el plural añadiendo una *-s* minúscula, precedida o no de apóstrofo: ⊗*los CDs*, ⊗*los PC's*.

■ Los símbolos no modifican su forma en plural: *20 km, 50 l, 40 kw.*

3.1.2 e Errores en la formación del plural

■ Plural en *-ses:*

No es aceptable en el lenguaje cuidado la formación del plural en *-ses* en palabras terminadas en *-s*, en vocal acentuada o en *-y:* ⊗*los mandamases* (correcto: *los mandamás*), ⊗*los ciempieses* (correcto: *los ciempiés*); ⊗*pieses* (correcto: *pies*), ⊗*cafeses* (⊗*cafeles)* (correcto: *cafés*), ⊗*sofases* (correcto: *sofás*); ⊗*jerseises* (correcto: *jerséis*).

■ Formaciones analógicas erróneas:

- Se crea un falso singular al eliminar la *s* que corresponde al sustantivo: *una* ⊗*carie* (correcto: *una caries*), *un* ⊗*cao* (correcto: *un caos*).
- Del mismo modo, a veces se mantiene invariable la forma del plural: ⊗*un rodapiés* (correcto: *un rodapié*).

3.2 Adjetivo

3.2.1 Consideraciones generales

■ Por su terminación, los adjetivos se subclasifican en dos grupos: los que presentan alternancia para el masculino y femenino y los que solo presentan una terminación.

- Suelen tener dos terminaciones los que acaban en *-o/-a*, *-ón*, *-or (hermoso/hermosa; blanco/blanca; bonachón/bonachona; trabajador/trabajadora)*, y tienen forma fija los que acaban en *-e*, en vocal acentuada o en otras consonantes *(alegre, baladí, feliz, leal)*.
- No presentan variación de género los adjetivos *antípoda* y *afro* pese a terminar en vocal.
- Aunque existen *autodidacto, gualdo* y *polígloto,* se ha generalizado el uso como invariables con la terminación *-a, autodidacta, gualda* y *políglota:*

Un escritor autodidacta / una escritora autodidacta.
El color gualda / la tela gualda.
Un hombre políglota / una mujer políglota.

- Se produce adverbialización del adjetivo cuando este se usa como complemento del verbo, del adjetivo o de otro adverbio. En este caso el adjetivo queda fijo en la forma de masculino singular:

Ustedes, vengan rápido.
Nuestros licenciados son los peor pagados de Europa.
Cuanto más rápidas seáis, mejor.

- Para la concordancia del adjetivo con varios sustantivos ▸ **4.2.1.**

3.2.2 Comparativos y superlativos irregulares

■ Hay un grupo reducido de adjetivos que presentan dos posibilidades de formación del comparativo de superioridad: con los adverbios cuantificadores *más, menos* seguidos del adjetivo correspondiente *(más bueno)* o con una forma heredada del latín acabada en *-or (mejor).* A estos últimos comparativos se los denomina **comparativos sintéticos.** Son los siguientes:

bueno	→	mejor	pequeño	→	menor
malo	→	peor	alto	→	superior
grande	→	mayor	bajo	→	inferior

■ Por otra parte, algunos adjetivos presentan varias posibilidades de formación del superlativo. En la siguiente lista se presentan adjetivos que tienen un superlativo irregular; cuando aparecen varias formas, se indica en primer lugar la forma más coloquial.

Grado positivo	Grado superlativo	Grado positivo	Grado superlativo
acre	*acérrimo*	*grande*	*grandísimo, máximo*
afable	*afabilísimo*	*grueso*	*gruesísimo, grosísimo*
agradable	*agradabilísimo*	*íntegro*	*integérrimo*
agudo	*agudísimo, acutísimo*	*libre*	*libérrimo*
alto	*altísimo, supremo*	*malo*	*malísimo, pésimo*
amable	*amabilísimo*	*mísero*	*misérrimo*
amigo	*amiguísimo, amicísimo*	*negro*	*negrísimo, nigérrimo*
antiguo	*antiquísimo*	*nuevo*	*nuevísimo, novísimo*
ardiente	*ardentísimo*	*pequeño*	*pequeñísimo, mínimo*
áspero	*asperísimo, aspérrimo*	*pobre*	*pobrísimo, paupérrimo*
bajo	*bajísimo, ínfimo*	*pulcro*	*pulquérrimo*
bueno	*buenísimo, bonísimo, óptimo*	*reciente*	*recientísimo, recentísimo*
caliente	*calientísimo, calentísimo*	*sabio*	*sapientísimo*
célebre	*celebérrimo*	*sagrado*	*sagradísimo, sacratísimo*
cierto	*ciertísimo, certísimo*	*salubre*	*salubérrimo*
cruel	*cruelísimo, crudelísimo*	*serio*	*seriecísimo*
endeble	*endebilísimo*	*sociable*	*sociabilísimo*
feliz	*felicísimo*	*sucio*	*sucísimo*
fiel	*fielísimo, fidelísimo*	*tierno*	*tiernísimo, ternísimo*
frío	*friísimo, frigidísimo*	*valiente*	*valentísimo*
fuerte	*fuertísimo, fortísimo*		

■ No es correcto combinar los adverbios cuantificadores o de grado *(más, muy, bastante, demasiado, poco,* etc.) con los comparativos y los superlativos:

Uso incorrecto	Uso correcto
Algo ⊗***muy dificilísimo.*** *Ver a mi mujer, a mi esposa.*	*Algo* ***dificilísimo.*** *Ver a mi mujer, a mi esposa.*

- Se exceptúa el superlativo sintético *mínimo,* que sí admite la cuantificación con *más* cuando precede *lo (lo más mínimo, la más mínima).* Por otra parte, cuando *mayor* se refiere a la edad sí admite cuantificadores:

  Es el drama de la televisión rusa: los más mayores tienen 40 años.

■ Tampoco admiten adverbios cuantificadores los adjetivos cuyo significado no es graduable, como *único, principal, fundamental, prioritario, inmortal, infinito, omnipotente, eterno,* etc.:

Uso incorrecto	Uso correcto
Para la cartera de Obras Públicas era ⊗***más prioritario*** *llevar a cabo el mayor número de interconexiones.*	*(...) era* ***prioritario...*** o *(...) era* ***más urgente...***
Bryant y Gasol recuperaron la ventaja para los Lakers en un partido ⊗***muy empatado.***	*(...) en un partido* ***muy igualado.***

■ Con los comparativos *mayor, menor, peor* y *mejor* el segundo término de la comparación debe ir introducido por *que.* Los comparativos sintéticos *inferior, superior, anterior* y *posterior* rigen la preposición *a:*

Uso incorrecto	Uso correcto
La actividad fue ⊗***mayor a*** *la del jueves.*	*La actividad fue* ***mayor que*** *la del jueves.*
El porcentaje de reposición anual es del 25% (sensiblemente ⊗***inferior que*** *el promedio de la zona, y del país).*	*(...)* ***inferior al*** *promedio...*

§ 3.3 Determinantes y pronombres

3.3.1 El artículo

3.3.1 a El artículo *el* ante sustantivos femeninos que comienzan por *a-* acentuada

■ Por razones históricas, en español los sustantivos femeninos que comienzan por *a-* o por *ha-* acentuadas no se combinan con la forma del artículo femenino *la,* sino con la forma *el: el aula, el habla.* Se exceptúan los nombres de letras *(la a, la hache),* los nombres propios con artículo *(Era la Ana de los días gloriosos),* los nombres formados por siglas *(la AMPA).* Con los topónimos que comienzan por *a-* tónica fluctúa su uso: *el África subsahariana, la Asia milenaria.*

Pero hay que tener presentes las siguientes consideraciones:

- Solo se admite *el* ante sustantivos, no ante adjetivos: *la áspera, la agria.*
- Los determinantes *un, algún* y *ningún* ante estos mismos sustantivos que comienzan por *a-* o *ha-* acentuadas pueden adoptar la forma apocopada *(un águila, algún hacha)* o bien la forma plena *(una águila, alguna hacha).*
- Con estos sustantivos no es aceptable usar las formas masculinas de otros determinantes, como *este, mucho, poco, todo, otro,* etc.:

Uso incorrecto	Uso correcto
*De ⊗**este agua** no beberé.*	*De **esta agua** no beberé.*
*Este mes ha caído ⊗**mucho agua.***	*Este año ha caído **mucha agua.***
*El balón se paseó por ⊗**todo el área.***	*El balón se paseó por **toda el área.***

■ En plural solo se admite la combinación con determinantes femeninos:

el agua, las aguas	el ansia, las ansias
el arpa, las arpas	el alga, las algas
el ave, las aves	el arma, las armas
el ala, las alas	el asta, las astas
el aula, las aulas	el haba, las habas
el águila, las águilas	el habla, las hablas
el arte, las artes	el hacha, las hachas
el ánima, las ánimas	el hada, las hadas
el aura, las auras	el hampa, las hampas
el arca, las arcas	el haya, las hayas
el aspa, las aspas	el haza, las hazas

■ Si se intercala cualquier otro elemento entre el artículo y el nombre, el artículo debe recuperar la forma femenina: *la mejor agua, una nueva aula, la blanca haya, la fresca aura.*

3.3.1 b Las contracciones de *a* y *de* con el artículo *el*

■ La norma prescribe realizar la contracción del artículo cuando preceden las preposiciones *a* y *de,* es decir, *Salimos al parque,* y no *Salimos* ⊗*a el parque; Llegamos del campo,* y no *Llegamos* ⊗*de el campo.* Si el artículo forma parte del nombre propio no se debe usar la forma contracta al escribir: *Salimos de El Cairo; Nos dirigimos a El Salvador.* Normalmente, el artículo no forma parte de los apodos y sobrenombres, por lo que en estos casos debe realizarse la contracción: *Hemos visto jugar al Pelusa* (no ⊗*a El Pelusa*).

3.3.1 c Vulgarismos en el uso del artículo

■ Delante de los nombres propios de persona la norma culta del español rechaza el empleo del artículo:

Uso incorrecto	Uso correcto
Sí, como ⊗***la Sonia** Martínez, una chica que pasó por televisión.*	*Sí, como **Sonia** Martínez…*

■ La función sintáctica del artículo es la de presentador o actualizador del nombre. Por ello, es erróneo omitirlo, como sucede en los ejemplos siguientes:

Uso incorrecto	Uso correcto
*Sandro Novaresse apareció ⊗**por derecha** y definió con categoría.*	*Sandro Novaresse apareció **por la derecha…***
*Mañana ⊗**jugaremos tenis.***	*Mañana **jugaremos al tenis.***
*El equipo ya se encuentra ⊗**en túnel** de vestuarios.*	*El equipo ya se encuentra **en el túnel** de vestuarios.*

3.3.2 Los posesivos

■ Las formas de los determinantes y de los pronombres posesivos en español son las siguientes:

Determinantes	Pronombres
mi, mío, mía*, mis, míos*, mías**	*mío, mía, míos, mías*
nuestro, nuestra, nuestros, nuestras	*nuestro, nuestra, nuestros, nuestras*
tu, tuyo, tuya*, tus, tuyos*, tuyas**	*tuyo, tuya, tuyos, tuyas*
vuestro, vuestra, vuestros, vuestras	*vuestro, vuestra, vuestros, vuestras*
su, suyo, suya*, sus, suyos*, suyas**	*suyo, suya, suyos, suyas*

■ Los determinantes posesivos pueden colocarse precediendo al sustantivo o siguiéndolo: *nuestra casa, la casa nuestra.* Los determinantes marcados con asterisco se colocan únicamente detrás del nombre: *La ilusión suya* frente a *su ilusión.*

■ En el español de América es habitual sustituir el posesivo por un complemento con preposición: *la casa de ustedes.*

■ Si el posesivo va referido a un pronombre, debe mantenerse la concordancia de persona:

Uso incorrecto	Uso correcto
*Nos ha costado ⊗**lo suyo** ganarnos su confianza.*	*Nos ha costado **lo nuestro…***
*Ya no doy más ⊗**de sí.***	*Ya no doy más **de mí.***

■ Los posesivos *su* y *sus* son causa frecuente de ambigüedades en los textos escritos, por lo que hay que usarlos con especial cuidado (▶ 4.5).

María fue al cine con Lucía y su marido ⟶ ambiguo: ¿con el marido de María o el de Lucía?

■ No se debe utilizar el posesivo como complemento de adverbios como *delante, detrás, encima, debajo, cerca, lejos,* etc. Estos deben complementarse con la preposición *de* más el pronombre personal correspondiente (▶ 3.5):

Uso incorrecto	Uso correcto
*En cambio, los pilotos que se colocaron ⊗**delante nuestro** son locales y conocen muy bien.*	*(...) delante **de nosotros...***

■ A diferencia de las lenguas germánicas y algunas romances, el castellano emplea el artículo en lugar del posesivo con los elementos —generalmente partes del cuerpo— que se consideran posesión inalienable:

Uso incorrecto	Uso correcto
*Ahora sí me duele ⊗**mi pecho.***	*Ahora sí me duele **el pecho.***

■ Para la secuencia *que* + *su* ▶ 3.3.7.

3.3.3 Los demostrativos

■ Las formas de los determinantes y pronombres demostrativos en español son las siguientes:

Determinantes	Pronombres
este, esta, estos, estas	*este o éste, esta o ésta, esto, estos o éstos, estas o éstas*
ese, esa, esos, esas	*ese o ése, esa o ésa, eso, esos o ésos, esas o ésas*
aquel, aquella, aquellos, aquellas	*aquel o aquél, aquella o aquélla, aquello, aquellos o aquéllos, aquellas o aquéllas*
tal, tales	*tal, tales*

■ Para el empleo de la tilde en los demostrativos ▶ 2.2.2.

■ Para el uso ante nombres femeninos que comienzan por *(h)a-* tónica ▶ 3.3.1a.

3.3.4 Los numerales

■ Las clases de determinantes y pronombres numerales en español son las siguientes:

Determinantes	Pronombres
Cardinales: *un, dos, tres...*	Cardinales: *uno, dos, tres..., cien, mil...*
Ordinales: *primer, primero*, tercer, tercero*, undécimo, último, penúltimo...*	Ordinales: *primero, tercero, undécimo, último, penúltimo...*
Partitivos: *medio, tercio, cuarto, quinceavo...*	Partitivos: *medio, tercio, cuarto, quinceavo...*
Múltiplos: *doble, triple, cuádruple...*	Múltiplos: *doble, triple, cuádruple...*
Dual: *ambos, ambas*	Dual: *ambos, ambas*

■ Las formas no apocopadas de los determinantes marcadas con asterisco siguen al sustantivo, no lo preceden: *El primer mes* frente a *el mes primero.*

3.3.4 a Numerales cardinales

■ Es un vulgarismo fónico eliminar el diptongo en los compuestos: ⊗*dicinueve,* ⊗*vintidós,* ⊗*trenta y ocho* → correcto: *diecinueve, veintidós, treinta y ocho*. También es vulgar pronunciar con diptongo las centenas derivadas de *siete* y *nueve:* ⊗*sietecientos,* ⊗*nuevecientos* → correcto: *setecientos, novecientos.*

■ *un* y sus compuestos

• Ante sustantivos femeninos, el numeral *un* y sus compuestos *(veintiún, ciento un…)* deben presentar la forma femenina plena, no la apocopada: *ochenta y una casas,* no ⊗*ochenta y un casas*. Pero si el determinante es compuesto de *mil,* se admiten ambas soluciones: *veintiuna mil toneladas* o *veintiún mil toneladas.*

• La apócope de *un* solo puede hacerse cuando va acompañando a un sustantivo, no cuando lleva un complemento con *de:*

Uso incorrecto	Uso correcto
⊗***Veintiún*** *de los emigrantes fueron devueltos a su país.*	***Veintiuno*** *de los emigrantes…*

■ *cien(to)*

• El plural de *cien* es *cientos,* no ⊗*cienes:*

Uso incorrecto	Uso correcto
El paro de transporte empezó el lunes cuando ⊗***cienes*** *de furgoneros decidieron impedir el paso vehicular hacia Costa Rica.*	*(…) cuando* ***cientos*** *de furgoneros…*

• En los porcentajes se debe usar la forma plena *ciento,* no la apocopada:

Uso incorrecto	Uso correcto
Este año nos conformamos con tener un tres ⊗***por cien*** *del total de espectadores.*	*(...) un tres* ***por ciento...***

■ *ambos*

• En su valor numeral, el significado de *ambos* es 'los dos', por lo que es redundante el empleo de ⊗*ambos dos:*

Uso incorrecto	Uso correcto
Supongo que aceptaste ⊗***ambos dos*** *trabajos.*	*Supongo que aceptaste* ***ambos*** *trabajos o bien,* ***los dos*** *trabajos.*

- No se admite la combinación de *ambos* con el artículo:

Uso incorrecto	Uso correcto
*Rafa Nadal le ha devuelto un revés con ⊗**las ambas** manos.*	*(...) con **ambas** manos.*

3.3.4 b Numerales ordinales

■ Las formas apocopadas de *primero* y *tercero* cuando se escriben con números son *1.er* o *1.º* y *3.er* o *3.º* respectivamente, dependiendo de si el determinante va antepuesto o pospuesto al sustantivo: *vive en el 3.er piso; vive en el piso 1.º*.

■ En el lenguaje corriente se emplean los cardinales para sustituir a los ordinales: *el piso once, el cincuenta y tres cumpleaños*, pero no es correcto mezclar cardinales y ordinales en el mismo enunciado:

Uso incorrecto	Uso correcto
*Se celebra el ⊗**trigésimo un** aniversario.*	*(...) **el treinta y un** aniversario*, o *(...) **el trigésimo primer** aniversario.*

3.3.4. c Numerales partitivos o fraccionarios

■ Son los números que indican la fracción o parte que se toma de un todo. La mayoría de ellos se forman añadiendo *-avo* al cardinal y deben escribirse en una sola palabra: *onceavo, catorceavo, ochentaidosavo.*

■ Es incorrecto emplear los partitivos acabados en *-avo* con valor ordinal (excepto *octavo* y sus compuestos, que tienen ambos valores):

Uso incorrecto	Uso correcto
*Banca Promex, (...) colocado entre el 12 y ⊗**catorceavo** lugar entre instituciones de crédito.*	*(...) entre el duodécimo y el **decimocuarto** lugar...*

■ Para el uso correcto de los partitivos y los ordinales, hay que tener presente que coinciden en los siguientes casos:

Partitivos	Ordinales
tercera (parte)	tercero, -a
cuarta (parte)	cuarto, -a
quinta (parte)	quinto, -a
sexta (parte)	sexto, -a
séptima (parte)	séptimo, -a
octava (parte)	octavo, -a
novena (parte)	noveno, -a

Partitivos	Ordinales
décima (parte)	*décimo, -a*
onceava o undécima (parte)	*undécimo, -a*
doceava o duodécima (parte)	*duodécimo, -a*
veinteava o vigésima (parte)	*vigésimo, -a*
treintava o trigésima (parte)	*trigésimo, -a*
cuarentava o cuadragésima (parte)	*cuadragésimo, -a*
centésima (parte)	*centésimo, -a*
milésima (parte)	*milésimo, -a*
diezmilésima (parte)	*diezmilésimo, -a*
millonésima (parte)	*millonésimo, -a*

3.3.5 Los indefinidos

■ Las formas de los determinantes y pronombres indefinidos en español son las siguientes:

Determinantes	Pronombres
cierto, cierta, ciertos, ciertas *cuanto, cuanta, cuantos, cuantas*	*alguien, algo, nada, nadie, quienquiera, quienesquiera*
*algún, alguno**, *alguna, algunos, algunas*	*alguno, alguna, algunos, algunas*
un, una, unos, unas	*uno, una, unos, unas*
*ningún, ninguno**, *ninguna*	*ninguno, ninguna*
*cualquier, cualquiera**, *cualesquiera**	*cualquiera, cualesquiera*
varios, varias	*varios, varias*
más	*más*
menos	*menos*
demás	*demás*
mucho, mucha, muchos, muchas	*mucho, mucha, muchos, muchas*
poco, poca, pocos, pocas	*poco, poca, pocos, pocas*
bastante, bastantes	*bastante, bastantes*
demasiado, demasiada, demasiados, demasiadas	*demasiado, demasiada, demasiados, demasiadas*
otro, otra, otros, otras	*otro, otra, otros, otras*
todo, toda, todos, todas	*todo, toda, todos, todas*
tal, tales	*tal, tales*
tanto, tanta, tantos, tantas	*tanto, tanta, tantos, tantas*

■ Las formas plenas de los determinantes marcadas con asterisco pospuesto se colocan detrás del nombre *(un libro cualquiera)* frente a la forma apocopada, que se antepone *(cualquier libro).*

■ *todo*

- Cuando *todo* se combina con adjetivos, concuerda si el adjetivo va en singular: *Estaba todo orgulloso de su labor / estaba toda orgullosa;* pero permanece invariable si el adjetivo está en plural: *Estaban todo orgullosas de él.*

■ *un, algún, ningún*

• Es redundante combinar estos indefinidos con el también indefinido *cierto,* a pesar de que el uso de *un cierto, una cierta* está muy extendido en español.

Uso incorrecto	Uso correcto
(...) con alguna misión espacial de Salex que sea pues que tenga ⊗***alguna cierta*** *característica...*	*(...) que tenga* ***cierta característica...*** o *(...) que tenga* ***alguna característica...***

• Para su empleo ante sustantivos que comienzan por *(h)a-* tónica ▶ 3.3.1a.

■ *cualquier(a)*

• El plural es *cualesquier(a),* no ⊗*cualquieras:*

Uso incorrecto	Uso correcto
allí tuvieron oportunidad de ver, pues, una feria como de cualquier otro artículo, con personas como ⊗***cualquieras otras.***	*(...) como* ***cualesquiera otras.***

• Debe concordar en número con el sustantivo al que acompaña:

Uso incorrecto	Uso correcto
Esa probabilidad correspondía a dos personas ⊗***cualquiera*** *de la población.*	*(...) a dos personas* ***cualesquiera...***
Todas las medidas ordenadas son sin perjuicio de ⊗***cualesquiera*** *otra medida adicional que pudiera aplicarse.*	*(...) sin perjuicio de* ***cualquier otra*** *medida adicional...*

• Es incorrecto eliminar el relativo *que* en la secuencia *cualquiera que sea:*

Uso incorrecto	Uso correcto
(...) una proporción para nada despreciable, ⊗***cualesquiera*** *sean los términos de la comparación.*	*(...)* ***cualesquiera que*** *sean los términos...*

■ *tal*

• Es incorrecto emplear *tal* en lugar de *tanto* en expresiones ponderativas de valor consecutivo. En estos casos hay que reemplazarla preferiblemente por *tanto* o por *tanto es así que* (o por *tan es así que*):

Uso incorrecto	Uso correcto
A los extranjeros nos echaban la culpa de todo, y el país era un polvorín; ⊗***tal*** *es así que casi nos impiden salir con mi esposa.*	*(...)* ***tanto*** *es así que casi nos impiden salir con mi esposa.*

■ *cuanto*

• En las locuciones determinativas *cuanto más, cuanto menos* seguidas de sustantivo no es correcto mantener *cuanto* invariable en masculino singular, sino que hay que hacerlo concordar en género y número con el sustantivo al que determina:

Uso incorrecto	Uso correcto
*Evidentemente, ⊗**cuanto más** tarjetas envíen, más oportunidades hay.*	*(…) **cuantas más** tarjetas envíen…*

- Sin embargo, si sigue un adjetivo, *cuanto* funciona como adverbio y debe usarse sin concordar:

  Sobre el escenario sólo se escuchó la verdad de una música fogosa y esforzada, algo así como un eslalon sobre lava que ganó en pálpito emocional **cuanto más pronunciadas** se hicieron la pendientes.

- Para el empleo de *cuando más* por *cuanto más* ▶ **3.7**.

3.3.6 Los distributivos

■ Las formas de los determinantes y pronombres distributivos en español son las siguientes:

Determinantes	Pronombres
ambos, ambas *cada* *sendos, sendas*	*ambos, ambas* *cada*

■ *ambos*

- Junto al significado de 'los dos' (▶ **3.3.4a**), *ambos* tiene el valor distributivo de 'uno y otro', por lo que es válida la expresión *personas de ambos sexos* para referirse a hombres y mujeres conjuntamente.

■ *sendos*

- El determinante distributivo *sendos, sendas* significa 'uno con cada uno', 'uno en cada uno', 'uno para cada uno' o sus correspondientes femeninos.

  Marcaron tres goles en sendas ocasiones.
  Llegaron cinco jinetes montados en sendos pura sangre.

- Este determinante se usa sólo en plural, debe preceder al nombre y es incompatible con cualquier otro determinativo.

Uso incorrecto	Uso correcto
*Además, hay que quitar ⊗**los sendos** mensajes de Bucaram y Sandra Correa que vienen en los libros.*	*(…) **los dos** mensajes…*

- En cuanto al significado, es un error extendido en España, y en menor medida en Hispanoamérica, usarlo con el valor de 'ambos' o de 'los dos':

Uso incorrecto	Uso correcto
*Previamente, ocupó ⊗**sendos** cargos en el Ayuntamiento de Burgos y en el Gobierno Civil de Ávila.*	*(…) **ambos** cargos,* o bien, ***los dos** cargos…*

• En algunas zonas hispanoamericanas se usa incorrectamente como sinónimo de 'enorme, desproporcionado, desmesurado, descomunal':

Uso incorrecto	Uso correcto
*Dentro de su nombre oyó ⊗**sendos** golpazos en la puerta. Los gritos tironearon sus nervios…*	*(…) oyó **enormes** golpazos en la puerta…*

3.3.7 Los relativos

■ Las formas de los determinantes y pronombres relativos en español son las siguientes:

Determinantes	Pronombres
cuyo, cuya, cuyos, cuyas	*que (el que, la que, lo que, los que, las que)* *quien, quienes* *cual (el cual, la cual, lo cual, los cuales, las cuales)*

■ *que*

• Es incorrecto utilizar *que* más el posesivo *su* en lugar de *cuyo.* Algunos autores denominan *quesuismo* a este mal uso sintáctico:

Uso incorrecto	Uso correcto
*(…) pero en lugar de interrogar a todos los componentes del grupo solo a aquellos ⊗**que** su estimación se sitúa fuera del recorrido intercuartílico.*	*(…) **cuya** estimación se sitúa…*

• También es un error emplear *que* más el artículo, con valor posesivo, en lugar de *cuyo:*

Uso incorrecto	Uso correcto
*He comprado un coche ⊗**que** las puertas se abren hacia arriba.*	*(…) un coche **cuyas** puertas…*

• No se debe suprimir la preposición delante del relativo si el complemento la exige:

Uso incorrecto	Uso correcto
*No encontraban los formularios ⊗**que** hacían la matrícula con ellos.*	*(…) **con los que** hacían las matrículas.*
*Fue por eso ⊗**que** no pude venir.*	*Fue por eso **por lo que** no pude venir.*

• Ahora bien, es posible elidir la preposición delante del relativo en los casos siguientes:

• Cuando el relativo *que* funciona como complemento directo de persona:

Aquella es la vecina **que** *saludamos el otro día* (o bien, (…) ***a la que*** *saludamos*).

• Cuando el antecedente de *que* tiene función de complemento circunstancial de tiempo:

El día **que** me quieras (o bien, *el día* ***en que*** *me quieras*).

En el parque **que** nos vimos (o bien, *en el parque* ***en el que*** *nos vimos*).

• En las oraciones de relativo especificativas, si la preposición que acompaña al antecedente es la misma que acompaña al relativo:

Con los amigos **que** salgo ahora lo paso bien (también son correctas Con los amigos **con que** salgo ahora… y (…) **con los que** salgo ahora…).

• No se puede eludir, sin embargo, si la oración de relativo es explicativa:

Uso incorrecto	Uso correcto
*El hermano de tu amiga, ⊗**que** lo conocí ayer, es muy simpático.*	*El hermano de tu amiga,* ***al que*** *conocí ayer, es muy simpático.*

• Para el uso incorrecto de *que* junto con el pronombre personal átono ▶ **4.1.2.**

■ *quien, quienes*

• Solo debe usarse con antecedentes que se refieran a personas, no a cosas.

Uso incorrecto	Uso correcto
*Ha sido la furgoneta ⊗**quien** ha causado el accidente.*	*Ha sido la furgoneta* ***la que*** *ha causado el accidente.*

• Es un pronombre que tiene variación de número, por lo que no debe mantenerse invariable en singular si el antecedente es plural o si el pronombre se refiere a varios antecedentes:

Uso incorrecto	Uso correcto
*(…) como lo hacen el jesuita Francisco López de Caravantes o Juan de Aponte y Figueroa para ⊗**quien** los encomenderos criollos eran…*	*(…) para* ***quienes*** *los encomenderos…*

• No se debe usar *quien* en oraciones subordinadas especificativas o restrictivas, aquellas que sirven para restringir los posibles referentes del sustantivo que se usa como antecedente:

Uso incorrecto	Uso correcto
*Paradójicamente el hombre ⊗**quien** lo podría meter a la cárcel es un coterráneo, amigo de toda la vida y exiliado político.*	*Paradójicamente, el hombre **que** lo podría meter...*

- *el cual, la cual, lo cual, los cuales, las cuales*
  - Solo es aceptable su uso en oraciones subordinadas explicativas o no restrictivas *(Tiene un hijo, el cual es médico).*

Uso incorrecto	Uso correcto
*Si se tiene una sucesión de ordinales entonces existe un último ordinal ⊗**el cual** es mayor que todo.*	*(...) un último ordinal **que** es mayor que todo...*

  - No obstante, se admite el uso de *el cual* en oraciones especificativas cuando van precedidas de preposición.

    Este es el regalo del cual no me separo jamás.

  - Para el uso de *cual* en construcciones comparativas ▸ **3.7**.

- *cuyo, cuya, cuyos, cuyas*
  - Este determinante relativo de significado posesivo se usa casi exclusivamente en el lenguaje escrito. Es un error emplearlo sin valor posesivo:

Uso incorrecto	Uso correcto
*(...) tienen diversos campos de aplicación que van desde el tratamiento de agua para procesos industriales, agua potable y agua residual ⊗**cuyo caso** se presenta en este trabajo.*	*(...) y agua residual, **caso** que se presenta en este trabajo.*

  - Para los usos de *que* más posesivo o artículo, en lugar de *cuyo*, véase arriba, en esta misma sección.

3.3.8 Los pronombres personales

- Las formas de los pronombres personales en español son las siguientes:

PRONOMBRES PERSONALES			
	1.ª persona	**2.ª persona**	**3.ª persona**
Tónicos	*yo, mí, conmigo* *nosotros, nosotras*	*tú, vos, ti, contigo* *vosotros, vosotras* *usted, ustedes* (de respeto o cortesía)	*él, ella, ello, sí, consigo* *ellos, ellas*
Átonos	*me* *nos*	*te* *os* *se* (de respeto o cortesía)	*le, la, lo, se* *les, las, los, se*

3.3.8 a Pronombres personales tónicos

- No pertenece a la norma culta del español emplear los pronombres *yo, tú* tras preposición, vulgarismo presente en algunas regiones de España:

Uso incorrecto	Uso correcto
Vente ⊗***con yo.***	*Vente* ***conmigo.***
Esto es ⊗***para tú.***	*Esto es* ***para ti.***

■ El pronombre *usted* se combina con las formas verbales de tercera persona y con los pronombres y posesivos de tercera persona. Es incorrecta su combinación con formas de segunda persona:

Uso incorrecto	Uso correcto
⊗***Ustedes os*** *calláis.*	***Ustedes se*** *callan.*
Ustedes *se quedan en* ⊗***vuestras*** *casas.*	***Ustedes*** *se quedan en* ***sus*** *casas.*

■ No se deben usar las formas personales *él, ella, ellos, ellas* por las formas reflexivas *sí* o *consigo:*

Uso incorrecto	Uso correcto
Los padres llevaban ⊗***con ellos*** *a sus hijos.*	*Los padres llevaban* ***consigo*** *a sus hijos.*

■ En las oraciones de valor reflexivo se debe mantener la concordancia de persona entre el reflexivo y el sujeto:

Uso incorrecto	Uso correcto
⊗*Ya no* ***das*** *más de* ***sí.***	*Ya no* ***das*** *más de* ***ti.***
Al poco tiempo ⊗***volví en sí.***	*Al poco tiempo* ***volví en mí.***
Nosotros no ⊗***cabemos en sí*** *de gozo.*	*Nosotros no* ***cabemos en nosotros*** *de gozo.*

3.3.8 b Pronombres personales átonos

■ **Leísmo, laísmo y loísmo:** Se trata de incorrecciones que tienen que ver con la función que realiza el pronombre dentro de la oración. Según el valor etimológico original, el pronombre *le* y su plural se usan como complemento indirecto y los pronombres *la, lo* y sus plurales como complemento directo.

Ha preguntado [el precio CD]. → [Lo CD] ha preguntado.
Ha preguntado [la hora CD]. → [La CD] ha preguntado.
Ha preguntado la hora [al conserje CI]. → [Le CI] ha preguntado la hora.
Ha preguntado la hora [a la conserje CI]. → [Le CI] ha preguntado la hora.

• No obstante, debido a la evolución histórica y a otras causas, ese sistema ha sufrido modificaciones en español que han ocasionado cambios en las funciones desempeñadas por el pronombre. Esas alteraciones se conocen con los nombres de leísmo, laísmo y loísmo. Estas dos últimas se dan sobre todo en

España, con excepción de Canarias, Andalucía, el oeste de Extremadura y casi todo Aragón.

• Se denomina ***leísmo*** el empleo de *le, les* en función de complemento directo, en lugar de *lo(s)* y *la(s)*. Este cambio está muy extendido en singular cuando el referente es una persona de sexo masculino, por lo que la norma académica lo admite:

A tu padre lo veo muy feliz (correcto).
A tu padre le veo muy feliz (aceptado).

• Por el contrario, se desaconseja el uso de *les* por *los* cuando el referente del pronombre es plural:

Uso incorrecto	Uso correcto
*A tus amigos casi nunca ⊗**les** he visto.*	*A tus amigos casi nunca **los** he visto.*
*Son muy rencorosos y por eso ⊗**les** temo.*	*Son muy rencorosos y por eso **los** temo.*

• No se acepta el leísmo cuando el referente es una persona del sexo femenino o cuando es un objeto inanimado:

Uso incorrecto	Uso correcto
*La secretaria era eficiente, así que ⊗**le** contraté.*	*La secretaria era eficiente, así que **la** contraté.*
*Ellas hicieron bien su trabajo y yo ⊗**les** recompensé.*	*Ellas hicieron bien su trabajo y yo **las** recompensé.*
*El coche es económico y por eso ⊗**le** compré.*	*El coche es económico y por eso **lo** compré.*

• El ***laísmo*** es el uso de *la, las* en función de complemento indirecto, en lugar de *le, les*. A pesar de estar relativamente extendido, incluso entre hablantes cultos, no es aceptable en ningún caso:

Uso incorrecto	Uso correcto
*Nadie ⊗**la** hizo caso (…) Cuando pasó la crisis y la madre ⊗**la** dijo que tenía que controlarse, ella arguyó*	*(…) Nadie **le** hizo caso (…) la madre **le** dijo que…*
*El vino no ⊗**la** gusta.*	*El vino no **le** gusta.*

• El ***loísmo*** es el uso incorrecto de *lo, los* en función de complemento indirecto, en lugar de *le, les*. De los tres fenómenos descritos aquí, este es el que se considera más vulgar, por lo que debe ser rechazado. No son correctos usos como:

Uso incorrecto	Uso correcto
*A los expedientes hay que ⊗**darlos** un nuevo repaso.*	*A los expedientes hay que **darles** un nuevo repaso.*
*⊗**Los** dije que no se movieran de aquí.*	***Les** dije que no se movieran de aquí.*

■ Para la falta de concordancia entre el pronombre *le* y el nombre y para el uso de *los* fijo en plural ▶ **4.2.2.**

■ Para la duplicación del complemento directo y el pronombre ▶ **4.1.2.**

■ Para el orden en que se deben colocar los pronombres átonos en relación con las formas verbales ▶ **4.1.1.**

3.3.8 C Ortografía de las formas verbales con pronombres enclíticos

■ Delante del enclítico *nos* se pierde obligatoriamente la *-s* de la primera persona del plural del subjuntivo: *agrupemos* + *nos* = *agrupémonos* (no ⊗*agrupémosnos*).

■ Si se añade *se* a una forma verbal terminada en *-s*, las dos eses resultantes se reducen a una sola: *digamos* + *se* + *lo* = *digámoselo* (no ⊗*digámosselo*).

■ Cuando se añade *se* a una forma verbal terminada en *-n*, no debe trasladarse ni repetirse este sonido al final: *vayan* + *se* = *váyanse* (ni ⊗*váyasen* ni ⊗*váyansen*).

■ En las zonas en las que se mantiene la forma *vosotros*, la segunda persona del plural del imperativo pierde la *-d* final cuando se le añade el enclítico *os: quedad* + *os* = *quedaos* (y no ⊗*quedados*). La única excepción en este punto la constituye el verbo *ir*, que mantiene la *-d: idos*.

■ Para la acentuación de formas como *estate, suponlo*, etc. ▶ **2.2.4.**

§ 3.4 El verbo

3.4.1 La conjugación. Incorrecciones relacionadas con la conjugación

■ Se llama conjugación de un verbo a las distintas formas que puede adoptar este para denotar **persona, número, tiempo** y **modo:** *yo canto, tú cantaste, nosotros hemos cantado, canten ustedes*, etc. En español hay tres conjugaciones: la primera incluye los verbos terminados en *-ar*, como *cantar;* la segunda agrupa los terminados en *-er*, como *temer;* la tercera, los acabados en *-ir*, como *partir*. Los verbos regulares son aquellos en cuya conjugación no se produce ninguna alteración ni en la raíz ni en las desinencias, es decir, los que se ajustan a las que presenta el verbo que se toma como modelo para cada una de las conjugaciones.

■ Dentro de los verbos que no se ajustan a los modelos regulares, se puede diferenciar entre los verbos irregulares y los verbos defectivos.

- **Verbos irregulares:** son aquellos que en su conjugación modifican la raíz, la desinencia o ambas. Suele haber correspondencia en las formas de los tiempos en los que un verbo es irregular:
  - Si un verbo es irregular en 1.ª persona del presente de indicativo, también lo es en todo el presente de subjuntivo: *hacer: hago* y *haga, hagas…; salir: salgo* y *salga, salgas…; sentir: siento* y *sienta, sientas…*
  - Si un verbo es irregular en pretérito perfecto simple de indicativo, también lo es en pretérito imperfecto y en futuro de subjuntivo: *andar: anduve, anduviera* o *anduviese, anduviere; traer: traje, trajera* o *trajese, trajere; satisfacer: satisfice, satisficiera* o *satisficiese, satisficiere.*
  - Si un verbo es irregular en futuro imperfecto de indicativo, también lo es en condicional: *valer: valdré, valdría; tener: tendré, tendría; querer: querré, querría.*
  - Como norma general, los verbos derivados se conjugan como los verbos simples: Así, *convencer* se conjuga como *vencer* y, por tanto, se dice *convenza* y no ⊗*convezca; desandar* se conjuga como *andar; retener* como *tener,* y por tanto se dice *retuve,* no ⊗*retení; abstraer* como *tener,* y por tanto *abstrajimos* y no ⊗*abstraímos,* etc.
    - Son excepciones *maldecir* y *bendecir,* que no siguen el modelo de *decir* en el futuro (*bendeciré,* no ⊗*bendiré*) en el condicional (*maldeciría,* no ⊗*maldiría*), en el imperativo (*maldice tú,* no ⊗*maldi tú*) y en el participio (*bendito,* no ⊗*bendicho*).
- **Verbos defectivos:** son aquellos que carecen de alguna forma de la conjugación, generalmente como consecuencia de la propia significación del verbo. Son verbos defectivos los siguientes:
  - *Arrecir, aterir:* se usan solo las formas cuya desinencia empieza por *-i.*
  - *Balbucir:* carece de la primera persona de singular del presente de indicativo y de todo el presente de subjuntivo, formas en las que se sustituye por *balbucear.*
  - *Soler:* por razones semánticas, carece de formas de futuro, condicional e imperativo.
  - *Acaecer, acontecer, atañer, concernir, ocurrir, suceder* y otros de significado similar se conjugan solo en tercera persona de

singular o de plural y en infinitivo, gerundio o participio. Estos verbos se denominan también **terciopersonales.**

• *Llover, nevar, tronar, relampaguear, granizar, amanecer* y otros verbos de fenómeno atmosférico, llamados verbos **unipersonales,** se usan solo en tercera persona de singular, excepto en usos metafóricos *(Llovieron los golpes sobre el pobre Sancho).*

PARA RECORDAR

▸ **Hoy no se catalogan como defectivos algunos verbos que tradicionalmente fueron considerados como tales: *abolir, agredir, blandir* y *transgredir.***

■ Pasemos ahora a hacer un repaso de las principales incorrecciones relacionadas con la conjugación que se encuentran en español.

• Es un vulgarismo bastante generalizado añadir *-s* en la 2.ª persona del pretérito perfecto simple: ⊗*dijistes,* ⊗*trajistes,* ⊗*estudiastes.* Lo correcto es *dijiste, trajiste, estudiaste.* Del mismo modo, es errónea también la presencia de *-s* final en el imperativo: *¡hay que ver,* ⊗*oyes!,* ⊗*ves a la tienda* en lugar de *¡hay que ver, oye!,* y *ve a la tienda.*

• Algunos errores se producen por falta de diptongación cuando la sílaba está acentuada: *La tormenta asoló los cultivos* es correcto, pero no *la tormenta* ⊗*asola los cultivos* → correcto: *asuela;* ⊗*apreta esa tuerca* → correcto: *aprieta esa tuerca.*

• Entre los verbos acabados en *-uar,* se pronuncian con hiato las formas de los verbos que terminan en consonante distinta de *c* o de *g: actúo, acentúas, fluctúan, gradúe, evalúes…*

• Para los verbos acabados en *-cuar, -guar,* la norma recomienda la pronunciación con diptongo *(averiguo, santigües, fragüe),* aunque admite la posibilidad de realizar hiato en los verbos *adecuar, licuar* y *promiscuar: adecuo* o *adecúo, licue* o *licúe.*

■ El siguiente listado recoge vulgarismos de la conjugación extendidos en diversas zonas del español:

	Formas incorrectas	Formas correctas
andar	⊗*andé,* ⊗*andaste,* ⊗*andó…* ⊗*andara,* ⊗*andaras,* ⊗*andara…*	*anduve, anduviste, anduvo…* *anduviera, anduvieras…*
apretar	⊗*apreto,* ⊗*apretas…*	*aprieto, aprietas…*
caber	⊗*cabí,* ⊗*cabiste,* ⊗*cabió…* ⊗*caba,* ⊗*cabas…*	*cupe, cupiste, cupo…* *quepa, quepas…*
conducir	⊗*conducí,* ⊗*conduciste…* ⊗*conduciera,* ⊗*conducieras…*	*conduje, condujiste…* *condujera, condujeras…*
doler	⊗*doldrá,* ⊗*doldrán* ⊗*doldría,* ⊗*doldrían*	*dolerá, dolerán* *dolería, dolerían*

dormir	⊗dormió, ⊗dormieron ⊗dormamos, ⊗dormáis, ⊗dormiendo	durmió, durmieron durmamos, durmáis durmiendo
errar	⊗erro, ⊗erras...	yerro, yerras...
freír	⊗friyó ⊗friyendo	frió (o frio) friendo
haber	⊗habemos ⊗haiga, ⊗haigas...	hemos haya, hayas
maldecir	⊗maldecí, ⊗maldeciste...	maldije, maldijiste...
prever	⊗preveer ⊗preveyendo ⊗preveído ⊗prevees, ⊗prevee, ⊗preveemos... ⊗preveí, ⊗preveíste, ⊗preveyó...	prever previendo previsto prevés, prevé, prevemos... preví, previste, previó...
proveer	⊗provés, ⊗prové, ⊗provemos... ⊗proví, ⊗proviste, provió... ⊗proviendo	provees, provee, proveemos... proveí, proveíste, proveyó... proveyendo
querer	⊗quedré, ⊗quedrás... ⊗quedría, ⊗quedrías...	querré, querrás... querría, querrías...
reír	⊗riyendo ⊗riyó, ⊗riyeron	riendo rió (rio), rieron
satisfacer	⊗satisfací, ⊗satisfaciste... ⊗satisfaceré, ⊗satisfacerás... ⊗satisfacería, ⊗satisfacerías... ⊗satisfacido	satisfice, satisficiste... satisfaré, satisfarás... satisfaría, satisfarías... satisfecho
ser	⊗semos, ⊗seis	somos, sois
yacer	⊗yazo	yazgo

3.4.2 Los esquemas sintácticos de los verbos: verbos transitivos, intransitivos y pronominales

■ Los verbos **transitivos** son los que llevan un complemento que se une al verbo directamente, es decir, sin preposición (o con la preposición *a* si el complemento es de persona): *Sandra preparó* [*la reunión, la maleta, su discurso, a sus alumnos...*]. Los verbos transitivos responden a este esquema sintáctico:

- [alguien/algo] verbo [algo/*a* alguien]

  La peluquera peinó a nuestra sobrina.

  La nieve cubre el valle.

  Nuestra tierra posee un encanto especial.

■ Los verbos **intransitivos** son aquellos que o bien no necesitan complemento o bien, cuando lo llevan, va precedido de una preposición. Hay, por tanto dos esquemas intransitivos:

- Esquema 1: [alguien/algo] verbo

  El cartero ha pasado.

  El tiempo pasó.

- Esquema 2: [alguien/algo] verbo [*preposición* + algo, de algún modo, etc.]

  La tienda olía a lavanda.

  Guillermo vivió en La Habana.

■ Hay que tener en cuenta, además, que a un mismo verbo le pueden corresponder esquemas sintácticos diferentes, dependiendo del significado que tenga en la oración. Así, por ejemplo, el verbo *contar* para el sentido de 'referir un suceso' es transitivo, [alguien] *cuenta* [algo]; pero en el de 'importar', es intransitivo, [alguien/algo] *cuenta:*

La abuela nos contaba su vida.
En esta empresa mi opinión no cuenta.

■ Los verbos **pronominales** son verbos transitivos o intransitivos que se conjugan siempre con un pronombre personal: *avergonzarse, quejarse, olvidarse, acordarse,* etc.

3.4.3 Incorrecciones relacionadas con el régimen verbal

■ Se llama régimen verbal a la capacidad de un verbo de combinarse con sus complementos. Las incorrecciones en este sentido pueden ser por las siguientes causas:

- Se emplea un esquema transitivo para un verbo intransitivo:

Uso incorrecto	Uso correcto
El informe ⊗***lo circularemos*** *entre los miembros de la comisión.*	*(…)* ***lo haremos circular…***

- Se emplea un esquema intransitivo para un verbo transitivo:

Uso incorrecto	Uso correcto
Jacinto ⊗***ha entrado*** *la mesa.*	*Jacinto* ***ha metido*** *la mesa.*

- Se hace pronominal un verbo que no lo es:

Uso incorrecto	Uso correcto
Sólo tramitó 6 expedientes, de los cuales 4 ⊗***se finalizaron*** *con resolución de demolición.*	*(…) de los cuales cuatro* ***finalizaron…***

- Se elimina el pronombre cuando el verbo es pronominal:

Uso incorrecto	Uso correcto
Cuando bebe no ⊗***controla.***	*Cuando bebe* ***no se controla.***

- Se usa una preposición diferente de la que corresponde al régimen verbal:

Uso incorrecto	Uso correcto
Por eso el pueblo, harto de tanta injusticia, ya no ⊗***confía de*** *sus gobernantes.*	*(…) no* ***confía en*** *sus gobernantes.*

■ Veamos a continuación los esquemas de algunos verbos que, a menudo, se prestan a errores y confusiones:

- *abdicar*

  [alguien] *abdica* ([algo/*de* algo]) ([*en* alguien])

  El Rey abdicó en su hijo.

  Los concentrados abdicaron de sus pretensiones.

  - Se admite su uso intransitivo, con un complemento con *de:*

    Los diputados abdicaron de su tarea de control.

  - Es incorrecto el empleo de un complemento con *a:* ⊗[alguien] *abdica* [*a* algo].

Uso incorrecto	Uso correcto
*Ustedes ⊗**abdicaron a** su facultad de legisladores.*	*(…) **abdicaron de** su facultad…*

- *advertir*

  - Para el significado de 'darse cuenta de algo': [alguien] *advierte* [algo].

    Advirtió la llegada del otro por su sombra.

  - Para el significado de 'poner en conocimiento de otro': [alguien] *advierte* [algo/*de* algo] [*a* alguien].

    Te advierto que no me ando con bromas.

    Nos advertía de sus intenciones.

  - Es incorrecto emplear la preposición *de* para el significado de 'darse cuenta':

Uso incorrecto	Uso correcto
*⊗**Advirtió de** que llegaba el otro por su sombra.*	***Advirtió que** llegaba el otro por su sombra.*

  - También es incorrecto usarlo como pronominal con el significado de 'darse cuenta':

Uso incorrecto	Uso correcto
*La editorial ⊗**se advierte de** que la obra no pretende ser exhaustiva sino una herramienta de consulta.*	*(…) **advierte** que…*

- *aflorar*

  - Para el significado de 'surgir, aparecer': [algo] *aflora.*

    La satisfacción afloraba en su rostro.

  - No se debe usar con el valor causativo de 'hacer salir': ⊗[alguien] *aflora* [algo].

Uso incorrecto	Uso correcto
*El concilio ⊗**aflora** los puntos fuertes y débiles de las diócesis catalanas.*	*El concilio **hace aflorar…***

- *aludir*

[alguien/algo] *alude* [*a* alguien/*a* algo]

Ese monumento alude a los fallecidos en el atentado.

• Aunque es verbo intransitivo, se acepta su uso transitivo con sujeto de persona, especialmente si el complemento es un pronombre:

Uso admisible	Uso preferible
*Esta vez no es una advertencia parcial, sino un hecho general que a todos **nos alude** y nos hace percatarnos abruptamente de nuestra vulnerabilidad.*	*(...)* ***nos afecta...*** o bien *(...)* ***nos implica...***

- *apelar*

• [alguien] *apela* [*a* alguien/*a* algo]

Los afectados apelaron a las instancias judiciales superiores.

Ana apeló a su sabiduría.

• [alguien] *apela* [*contra, de* algo]

El consejo apeló contra la decisión.

El fiscal Valdivieso también apeló del fallo y pidió que se revoque.

• Está admitido su uso transitivo en el lenguaje del Derecho, [alguien] *apela* [algo] 'recurrir a una autoridad para que revoque una decisión':

El acusado apeló la sentencia.

- *atravesar*

• [alguien/algo] *atraviesa* [algo/*por* algún lugar o estado]

Sus padres atraviesan una difícil situación.

El país atraviesa por unas circunstancias excepcionales.

• También se admite la construcción con la preposición *por* cuando significa 'cruzar o pasar a través de algo', en sentido real o figurado: *atravesaremos por el medio del parque; atraviesa por una crisis personal.*

- *caer*

• [alguien/algo] *cae*

Cayó el telón.

• Es incorrecto, con el valor de *tirar,* el esquema ⊗[alguien] *cae* [algo].

Uso incorrecto	Uso correcto
Ten cuidado, que ⊗***caes*** *el plato.*	*Ten cuidado, que* ***tiras*** *el plato.*

- *calentar(se)*

• Para el significado de 'realizar ejercicios de calentamiento': [alguien] *(se) calienta.*

Michael Phelps se calienta haciendo ejercicios de estiramiento.

- Está aceptado el uso no pronominal como intransitivo con el valor de 'realizar ejercicios de calentamiento':

  Los jugadores calentaron durante media hora.

- *callar(se)*
  - [alguien] *(se) calla*

    El muchacho (se) calló.
  - Para el significado de 'omitir una información': [alguien] *calla* [algo].

    El acusado calló su implicación.
  - Se está extendiendo el esquema transitivo [algo] *calla* [a alguien], con valor causativo, que tradicionalmente correspondía a *acallar:*

Uso admisible	Uso preferible
Su comportamiento ***calló a*** *los críticos.*	*(...)* ***hizo callar a*** *los críticos.*
Lo callé *con mis respuestas.*	***Lo hice callar****...*

- *cesar*
  - Para el significado de 'dejar de ocurrir': [algo] *cesa.*

    La tormenta cesó repentinamente.
  - [alguien] *cesa* [*en, como, de* algo]

    El director cesó en sus funciones.
  - Es incorrecto el esquema ⊗[alguien] *cesa* [a alguien], aunque explicable por el valor causativo de 'hacer cesar':

Uso incorrecto	Uso correcto
El rector en funciones (...), ⊗***ha cesado*** *al decano de la facultad de Medicina.*	*(...)* ***ha destituido*** *al decano...*

- *concernir*
  - [algo] *concierne* [*a* alguien/*a* algo]

    Ese asunto no te concierne.

    El trámite no concierne al desarrollo del proceso.
  - Aunque es intransitivo, se está extendiendo el uso transitivo [alguien] *es/está* concernido [*por* algo], especialmente en participio. Es preferible usar un sinónimo, como *afectado* o *interesado:*

Uso admisible	Uso preferible
La situación de la empresa ***está concernida*** *por los expedientes de regulación de empleo.*	*La empresa* ***está afectada*** *por los expedientes de regulación de empleo.*

- *coronar*
  - Para el significado de 'ponerse en la parte superior de algún lugar': [alguien/algo] *corona* [algo].

    Una veleta coronaba el tejado.
  - El complemento del verbo no debe llevar preposición:

Uso incorrecto	Uso correcto
⊗***Por el puerto coronó*** *en primer lugar Louis Armstrong.*	*Louis Armstrong* ***coronó el puerto*** *en primer lugar.*

- *crujir*
  - [algo] *cruje*

    Durante la tormenta crujían las vigas del techo.
  - No se aconseja su uso como 'hacer crujir', con sujeto animado y complemento directo de persona:

Uso admisible	Uso preferible
Pocos años después, en España, Felipe IV llegó a matar 400 lobos y 150 jabalíes y ***crujían*** *a los pobres villanos que atrapaban liebres para comer.*	*(…)* ***castigaban*** *severamente a los pobres villanos.*

- *debatir(se)*
  - [alguien] *debate* [algo/*sobre* algo]

    El consejo de empresa debatirá los presupuestos.

    Ya no se debate sobre el derecho al voto femenino.
  - [alguien] *se debate* [*en* un estado/*entre* varias posibilidades]

    Se debatía en profundas dudas.

    Se debate entre la vida y la muerte.
  - La norma culta prefiere su uso transitivo con el significado de 'discutir', pero se admite el uso intransitivo cuando equivale a 'mantener un debate', en cuyo caso lleva un complemento con *sobre*.
- *dimitir*
  - [alguien] *dimite*

    El presidente regional dimitió como consecuencia de las presiones internas.
  - Es incorrecto el uso del verbo como transitivo ⊗[alguien] *dimite* [a alguien].

Uso incorrecto	Uso correcto
¿Cuántas veces ⊗***le ha dimitido*** *a Belloch?*	*¿Cuántas veces* ***le ha presentado*** *la dimisión a Belloch?*

• Tampoco debe emplearse el participio para referirse a la persona que ha dimitido:

USO INCORRECTO	USO CORRECTO
Comparecerá en breve el consejero ⊗***dimitido.***	*Comparecerá en breve el consejero* ***dimisionario.***

- *entrar*

• [alguien/algo] *entra* ([*a, en* algún sitio])

Entra aire por la ventana.

El embajador ha entrado en la estancia.

La señora entró a la habitación.

• En España se prefiere el complemento con *en*; en América, con *a*.

• Aunque el verbo es intransitivo, en algunas zonas de América y de España se usa como transitivo, sobre todo si el complemento directo es un pronombre. No obstante, se trata de usos que no deben trascender el registro coloquial:

USO INCORRECTO	USO CORRECTO
Llevaremos la mesa al despacho y la ⊗***entraremos.***	*Llevaremos la mesa al despacho y la* ***meteremos.***

• Cuando lleva como complemento una oración de infinitivo y significa 'empezar a hacer', solo admite la preposición *a*, no *en:*

USO INCORRECTO	USO CORRECTO
Es más, hasta se comprende que lo hayan recibido algunos que no lo merecen y no voy a ***entrar*** ⊗***en*** *sacar a relucir sus nombres.*	*(...) no voy a* ***entrar a*** *sacar a relucir sus nombres.*

- *entrenar(se)*

• [alguien] se entrena

El equipo ciclista se entrena todos los días.

• Está aceptado el uso no pronominal con el significado de 'preparar a alguien para una práctica deportiva', aunque es uso no recomendado:

USO ADMISIBLE	USO PREFERIBLE
El escolta ***entrena*** *con normalidad.*	*El escolta* ***se entrena*** *con normalidad.*

- *estallar*

• [algo] *estalla* [*en* algún modo]

La concurrencia estalló en carcajadas.

• También se acepta el esquema transitivo [alguien] *estalla* [algo] con el valor causativo de 'hacer que algo estalle', pero se aconseja que se limite este uso al habla coloquial:

Uso admisible	Uso preferible
Es que mi madre está mosca porque en lo que va de semana mi padre ***ha estallado*** *dos veces la riñonera.*	*(…) mi padre* ***ha hecho estallar*** *dos veces…*

- *explosionar*
  - Para el significado 'hacer explosión': [algo] *explosiona.*

    La bomba explosionó a las 12:48.
  - Para el significado 'provocar una explosión' [alguien] *explosiona* [algo].

    Los artificieros de la policía explosionaron el coche sospechoso.
- *explotar*
  - Para el significado de 'hacer explosión': [algo] *explota.*

    La situación acabó explotando.
  - Para el significado de 'sacar provecho de algo': [alguien/algo] *explota* [algo].

    El jugador explotó todos sus recursos.
- *haber*
  - Para el significado de 'existir' u 'ocurrir': *hay* [algo].

    No había naranjas en la nevera.

    Hay varias soluciones para eso.
  - En los usos impersonales es incorrecto concordar el verbo en plural con el complemento directo (▸ **4.2.4.**):

Uso incorrecto	Uso correcto
*(…) ⊗**hubieron** muchos escritores que usted deliberadamente ignoró.*	*(…)* ***hubo*** *muchos escritores…*

- *hacer*
  - En las oraciones referidas al tiempo atmosférico: *hace* [algo].

    Hacía varios días que no lo llamaba.

    Hace 32 grados en el centro de la ciudad.
  - Con valor impersonal, es incorrecto el uso en tercera persona de plural de *hacer* (▸ **4.2.4.**):

Uso incorrecto	Uso correcto
*(…) pero ya me siento enferma, ⊗**hacen años** me salió algo así como una hernia.*	*(…)* ***hace años*** *me salió algo así como una hernia.*

- La estructura *hacer* + infinitivo con el sentido de obligar a alguien a hacer lo expresado por el infinitivo o ser causa de que alguien haga algo, se construye sin preposición. Las formas correctas son, por tanto, *hacer reír* (no ⊗*hacer de reír*), *hacer llorar* (no ⊗*hacer de llorar*), *hacer rabiar* (no ⊗*hacer de rabiar*). Solo se admite la preposición en *hacerse de rogar*, donde también es válida la construcción *hacerse rogar*, y, en México, *hacerse del rogar*.
- Para el uso de *hacer* por influencia del catalán (*hacer una mirada, hacer una película, hacer una cerveza*, etc.) ▶ **5.3.3.**

- *incautarse*
  - [alguien] *se incauta* [de algo]

    La policía se incautó de varios kilos de cocaína.
  - Se acepta el uso transitivo en expresiones como *Les incautaron tres dosis de heroína.*

- *luchar*
  - [alguien] *lucha* [*por* algo, *para* obtener algo]

    ¡Lucha por tus ideales!

    Habrá que luchar para conservar los derechos.
  - Es incorrecto su uso transitivo ⊗[alguien] *lucha* [algo], extendido en el lenguaje del deporte:

Uso incorrecto	Uso correcto
Müntzer y yo empezamos a ⊗***luchar*** *la guerra de Dios.*	*(...)* ***luchar por*** *Dios...*, o bien, *(...)* ***librar*** *la guerra de Dios...*

- Tampoco es correcto el uso del verbo con un complemento interno, es decir, que está contenido en el propio significado del verbo:

Uso incorrecto	Uso correcto
⊗***Luchó*** *una guerra consigo mismo.*	***Libró*** *una guerra...* o ***Sostuvo*** *una guerra consigo mismo.*

- *pelear*
  - [alguien] *pelea*

    Los dos machos cabríos peleaban con ahínco.
  - Se admite su uso transitivo [alguien] *pelea* [algo], documentado sobre todo en América: *Pelearon cada voto hasta el último minuto* (ejemplo tomado del *DPD*).

- *quedar(se)*
  - Para el significado de 'ser considerado de algún modo': [alguien/algo] *queda* [de algún modo/*como, por* algo].

    La casa quedó desolada.

    Quedó por embustero.
  - Para el significado de 'estar': [alguien/algo] *queda* [*en, por* algún lugar].

    Eso queda por la zona norte.
  - Para el significado de 'acordar, llegar a un acuerdo': [alguien] *queda* [*en* algo] [*con* alguien].

    Quedó conmigo en que vendría.
  - Es verbo pronominal cuando significa 'pasar a poseer algo': [alguien] *se queda* [*con* algo].

    Yo me quedo con la casa.
  - En este último uso, está muy extendida en el habla coloquial la sustitución del complemento por un pronombre sin preposición: *Yo me la quedo.* Esta forma no es aceptable en el lenguaje cuidado.
  - Es incorrecto su uso transitivo ⊗[alguien] *se queda* [algo], para el valor de 'dejar', pero se acepta como coloquial con el valor de 'pasar a tomar posesión de algo'.

    Me quedo la raqueta hasta mañana (uso aceptado).

Uso incorrecto	Uso correcto
⊗***Me he quedado** la cartera en el despacho.*	***Me he dejado** la cartera en el despacho.*

- *rechazar*
  - [alguien, algo] *rechaza* [algo, a alguien]

    Me rechazaron la solicitud.

    La red rechazó el balón.
  - Es incorrecto el empleo intransitivo del verbo, [algo] *rechaza* [⊗*en* algún lugar], que se oye a veces en el ámbito deportivo:

Uso incorrecto	Uso correcto
⊗*El balón **rechazó en** la red.*	***La red rechazó** el balón.*

- *recordar*
  - [alguien] *recuerda* [algo]

    La policía no recuerda el número de la matrícula.
  - [algo] *recuerda* [a alguien/algo] [a alguien]

    La forma de la cúpula me recuerda una pagoda.

Su cara le recordaba la de su primera esposa.

- Es incorrecto introducir con *de* el complemento que expresa lo recordado, confusión explicable por la influencia de *acordarse de:*

USO INCORRECTO	USO CORRECTO
(...) es un poco triste porque, con gran sentimiento los abuelitos, ⊗***se recuerdan de*** *todo eso.*	*(...) los abuelitos* ***recuerdan*** *todo eso,* o bien, *(...)* ***se acuerdan de*** *todo eso.*

- No obstante, sí es posible un complemento con *de* cuando expresa el modo o la manera en que se recuerda algo: *recordar* [algo] [*de, como* alguna manera].

(...)o cuando a su vez tienen hijos y se recuerdan de niños a través de ellos.

- *recuperar*
  - [alguien/algo] *recupera* [a alguien/algo]

La empresa recuperó al trabajador que se había ido.
El proyecto plantea recuperar las lagunas.

- No se ajusta a la norma culta el uso de *recuperar* como 'lograr que alguien se recupere de una lesión', que se aplica especialmente a las actividades deportivas:

USO INCORRECTO	USO CORRECTO
Cruyff no quiso dar importancia a la ausencia de Romario y aseguró que tiene confianza en poder ⊗***recuperar*** *al brasileño.*	*(...) en que el brasileño* ***se recuperará*** o *...en poder lograr que el brasileño* ***se recupere.***

- Tampoco es aceptable la omisión del complemento:

USO INCORRECTO	USO CORRECTO
Luis Vera y Gabriel Miranda, que también cumplen trabajo efectivo al momento de ⊗***recuperar****, tendrán mayor insinuación para lograr conexión con Dioni Guerra.*	*(...) Luis Vera y Gabriel Miranda, que también son eficaces a la hora de* ***recuperar balones,*** *lograrán más fácilmente conectar con Dioni Guerra.*

- *recurrir*
  - [alguien] *recurre* [*a* alguien, *a* algo]

La presidenta recurrió a los expertos.
No conviene recurrir a los tópicos.

- Solo es correcto el uso transitivo [alguien] *recurre* [algo] en el lenguaje jurídico: *recurrir una sentencia.*

- *referirse*
  - [alguien/algo] *se refiere* [*a* alguien, *a* algo]

Las observaciones se refieren al desarrollo del proceso .

• Es incorrecto el empleo no pronominal de *referirse* para el valor de 'concernir':

Uso incorrecto	Uso correcto
Deuda en lo que ⊗***refiere*** *al pago del bono de alimentación y el del transporte.*	*(...) en lo que* ***se refiere*** *al pago...*

- *rehusar(se)*
  - [alguien] *(se) rehúsa* [algo]

Los gestores rehusaron nuestros regalos.

El contratista se rehusó caer en la trampa.

• En América es más general el empleo del verbo pronominal.

• En la actualidad es transitivo, por lo que no deben considerarse correctos los usos intransitivos con *a* o con *de* ⊗[alguien] *rehúsa* [*a*, *de* algo]:

Uso incorrecto	Uso correcto
El presidente de la sala ***rehusó*** ⊗***a*** *atender el teléfono en medio del debate.*	*(...)* ***rehusó*** *atender el teléfono...*

• No obstante, cuando al verbo *rehusarse* le sigue un infinitivo, es habitual incluso entre hablantes cultos emplear un complemento con *a*, quizá por influencia del significado y el esquema sintáctico de *negarse:*

El primer lingüista que **se rehusó** a ver el lenguaje como una expresión pasiva del hablante fue Guillermo von Humboldt.

• Tampoco está acorde con la norma culta hacerlo equivalente a *rechazar*, combinándolo con complemento indirecto:

Uso incorrecto	Uso correcto
Incluso a los guardias que intentaran sondearlo ⊗***les rehusó*** *de mal humor comentarles el juicio.*	*Incluso* ***rehusó*** *de mal humor comentarles el juicio a los guardias que intentaron sondearlo.*

- *repercutir*
  - [algo] *repercute* [*en* algo/alguien]

Las medidas tomadas repercutirán en la creación de empleo.

• Solo se acepta el uso transitivo en el lenguaje de la Economía:

(...) incluye otras medidas, como la obligación de repercutir en el consumidor final la cuantía de los cánones y tarifas que abonan los ayuntamientos.

• No es correcto sustituir la preposición *en* obligatoria del complemento:

- *adelante, delante* y *atrás, detrás*

  • Las formas *adelante* y *atrás* indican dirección, por lo que se usan preferentemente en combinación con los verbos de movimiento: *Seguiremos adelante.* Las formas *delante* y *detrás* indican posición, por lo que se deben combinar con verbos estativos o de situación: *Se colocó detrás.*

  • Es preferible no combinar los adverbios *adelante y atrás* con las preposiciones *hacia* o *para:*

Uso admisible	Uso preferible
*Échate **hacia adelante.***	*Échate **hacia delante.***

  • Se considera uso no normativo que los adverbios *adelante* y *atrás* lleven un complemento con *de* y se recomienda emplear en estos casos *delante* y *detrás:*

Uso incorrecto	Uso correcto
*(…) otro cirujano practicante que iba dos años ⊗**adelante de** él.*	*(…) que iba dos años **delante** de él.*

  • Es incorrecta la forma contracta ⊗*alante,* que en la lengua hablada coloquial se oye incluso entre hablantes cultos. Asimismo, es incorrecta la contracción de la preposición y el adverbio en ⊗*palante* (correcto: *para delante*):

Uso incorrecto	Uso correcto
*siempre estaba sentada en su mecedora y se movía atrás y ⊗**alante** todo el tiempo.*	*(…) se movía atrás y **adelante** todo el tiempo.*

  • No es correcta la expresión ⊗*en lo adelante,* que se encuentra sobre todo en países de la zona caribeña. Debe sustituirse por *en adelante:*

Uso incorrecto	Uso correcto
*Dijo que ⊗**en lo adelante** no existirán preselecciones de tantos o más atletas.*	*Dijo que **en adelante…***

- *adentro* y *afuera* / *dentro* y *fuera*

  • En América estos adverbios se usan indistintamente con verbos de movimiento y de estado *(se quedaron afuera, entraron adentro);* en España es más frecuente el uso de las formas sin *a-* cuando el verbo no denota movimiento *(se quedaron fuera).*

  • Las formas con *a-* pueden usarse como complementos de nombres: *mar adentro.*

  • Los adverbios *adentro* y *afuera* no se pueden combinar con la preposición *a:*

Uso incorrecto	Uso correcto
(...) lo cual supone un sustancial cambio de fuera ⊗***a adentro.***	*(...) un sustancial cambio de fuera* ***a dentro.***

• A pesar de que es habitual que los adverbios *adentro* y *afuera* lleven complementos con *de* en el español de América, se recomienda emplear en estos casos las formas adverbiales sin *a-:*

Uso admisible	Uso preferible
haciendo una cola junto con docenas de israelíes, ***afuera de*** *un centro comercial en la ciudad israelí de Netanya.*	*(...)* ***fuera de*** *un centro comercial...*

- *adonde, a donde, adónde, donde* y *dónde*
  - No deben usarse precedidas de preposición las formas con *a-:*

Uso incorrecto	Uso correcto
aparentando ser alguien totalmente confiado y que siempre «sabe» ⊗***hacia adonde*** *va.*	*(...)* ***hacia dónde*** *va.*

• No es correcto utilizar el adverbio *adonde* o la locución *a donde* para expresar el lugar en donde se ubica algo o donde sucede algo:

Uso incorrecto	Uso correcto
Ese camino se ubica ⊗***adonde*** *está hoy la avenida principal de Bello Campo.*	*Ese camino se ubica* ***donde*** *está...*

• *Donde* es un adverbio que significa lugar, no tiempo. Se considera un uso arcaizante o de carácter coloquial emplear *donde* con un antecedente temporal, por lo que se aconseja reemplazarlo por *en el que, en la que,* etc. o, en otras ocasiones, por *cuando:*

Uso incorrecto	Uso correcto
Hay un momento ⊗***donde*** *ella se tiene que ir.*	*Hay un momento* ***en (el) que*** *ella...*

- *antes, después*
  - No admiten el adverbio modificador *más:*

Uso incorrecto	Uso correcto
Y ⊗***más después,*** *en El Salvador, la redacción y los talleres de «El Diario de Hoy» eran mi mero patio de juegos.*	*(...) y* ***más tarde...***

• Tampoco es aceptable insertar el adverbio *más* en las secuencias *lo antes / después posible:*

Uso incorrecto	Uso correcto
*(…) indicó al expresar la esperanza para que la actividad bursátil retorne a la normalidad lo ⊗**más antes** posible.*	*(…) lo **antes** posible.*

• Cuando *antes* o *después* complementan a un sustantivo que expresa tiempo, no deben usarse precedidos de la preposición *de:*

Uso incorrecto	Uso correcto
*La viuda Dulce envió el regalo por la prima de su marido (…) aprovechando que ésta estuvo a visitarla el día ⊗**de antes.***	*(…) estuvo a visitarla el día **antes.***

• En estos casos, si el sustantivo lleva un complemento, no es correcto emplear la preposición *a,* sino *de:*

Uso incorrecto	Uso correcto
*En el día **después** ⊗**al** final feliz del fichaje de Ronaldo…*	*En el día **después del** final feliz del fichaje…*

• Son válidas las construcciones de significado temporal *antes de que* y *antes que, después de que* y *después que.*

- *arriba* y *abajo*

• Pueden usarse como complementos de nombres: *calle arriba, boca abajo, río arriba.*

• No se considera normativo que los adverbios *arriba* y *abajo* lleven un complemento con *de;* se recomienda emplear en estos casos las expresiones *encima de* y *debajo de:*

Uso incorrecto	Uso correcto
*Justo ⊗**abajo de** él, y ocupando todo el ancho del muro, estructuró un mueble bajo con unas cajoneras casi imperceptibles.*	*Justo **debajo de** él…*

• No obstante, se trata de un uso generalizado entre los hablantes cultos de determinados países hispanoamericanos, por lo que algunos autores consideran que forman parte de la norma de los citados países y, por tanto, deberían ser considerados usos correctos.

• No debe usarse la preposición *a* en las expresiones *de arriba abajo* y *de abajo arriba,* y no ⊗*de arriba a abajo* o ⊗*de abajo a arriba:*

Uso incorrecto	Uso correcto
*La Guardia Civil registró ⊗**de arriba a abajo** las estancias de su pazo de Baión.*	*La Guardia Civil registró **de arriba abajo…***

- *como*

    - El adverbio *como* tiene valor aproximativo o atenuador de la certeza de una afirmación: *Aquello ocurrió hace como veinte años; Tu hijo está como inquieto, ¿no?*

    - La expresión *como muy* es correcta cuando el adverbio *como* aporta esos valores aproximativos o de atenuación *(La figura del cuadro está como muy apagada);* también es correcta la presencia de *como* si está exigida por el verbo *(La situación fue calificada como muy preocupante).* No obstante, se considera incorrecta cuando el *como* no aporta ningún significado al enunciado:

Uso incorrecto	Uso correcto
El presidente de Alimentos Heinz, John Werner, ve ⊗***como muy*** *positivo el programa de apertura petrolera del país.*	*(...) ve* ***muy*** *positivo el programa...*

- *cuando más, cuando menos*

    - Son locuciones adverbiales que significan respectivamente 'como máximo, a lo sumo' y 'como mínimo'. No debe confundirse con *cuanto más, cuanto menos:*

Uso incorrecto	Uso correcto
Y que las soluciones, ⊗***cuanto menos*** *las soluciones a largo plazo, no llegan «manu militari».*	*(...)* ***cuando menos*** *las soluciones a largo plazo.*

- *cuanto más, cuanto menos*

    - Las construcciones *cuanto más* y *cuanto menos* son locuciones adverbiales cuando significan 'con mayor motivo':

        Acude a todas las bodas, cuanto más a la de su sobrina.

    - En estas expresiones, *cuanto* funciona como adverbio si sigue un adjetivo o un adverbio, por lo que ha de permanecer inalterable:

        Las flores, cuanto más cuidadas estén, más lucirán.

        Las penas, cuanto más lejos, mejor.

    - Por el contrario, cuando van seguidas de un sustantivo son locuciones determinativas, por lo que *cuanto* debe concordar en género y número con el sustantivo ▸ **3.3.5.**

    - Para la confusión con *cuando más, cuando menos,* véase arriba.

    - Solo es propia del registro coloquial la supresión de *cuanto* en secuencias que implican contraste u oposición:

Uso incorrecto	Uso correcto
⊗***Más*** *se lo prohíben,* ***menos*** *caso hace.*	***Cuanto más*** *se lo prohíben,* ***menos*** *caso hace.*

• Se considera muy vulgar sustituir *cuanto* por la preposición *contra,* así como las deformaciones fónicas ⊗*contrimás,* ⊗*contimás,* ⊗*cuantimás:*

Uso incorrecto	Uso correcto
La causa necesita muchísimo dinero. Todo el dinero que podamos, ⊗***contra más*** *mejor.*	*(…)* ***cuanto más*** *mejor.*
El calor mata hasta a los chivos, ⊗***contimás*** *a la gente.*	*(…)* ***cuanto más*** *a la gente.*

• *de sobra*

• Es una locución adverbial de cantidad que no admite variación de número, por lo que no debe usarse la forma ⊗*de sobras:*

Uso incorrecto	Uso correcto
Y muy poco puedo añadir que los lectores no conozcan ⊗***de sobras*** *y hasta mejor que yo.*	*(…) no conozcan* ***de sobra…***

• *igual*

• Como adverbio comparativo debe usarse con la conjunción *que;* no son aceptables ni la preposición *a,* ni *como,* ni *de:*

Uso incorrecto	Uso correcto
Lo procedente es subir el límite de velocidad para automóviles y fijarlo en cincuenta para otros vehículos, ***igual*** ⊗***a*** *Italia.*	*(…)* ***igual que*** *Italia.*

• Para expresar duda o probabilidad, el lenguaje culto prefiere formas como *quizá, acaso;* con este valor, *igual* solo es admisible en el registro coloquial:

Uso incorrecto	Uso correcto
Y si decide finalmente casarse con su Max, a poco que se descuide, ⊗***igual*** *tiene hasta que pagar ella la boda.*	*(…)* ***quizá*** *hasta tenga que pagar…*

• *más*

• Cuando acompaña a los pronombres indefinidos *nada, nadie* o al adverbio *nunca,* en el español general se prefiere la posición pospuesta; se desaconsejan, por tanto las formas *más nada, más nadie, más nunca:*

Uso incorrecto	Uso correcto
El hecho de que te diga que tiene mucho trabajo y que no piensa en ⊗***más nada,*** *no es motivo para que creas que ya no te quiere.*	*(…) y que ya no piensa en* ***nada más…***

- Para la combinación de *más* con los adjetivos ▶ 3.2.2.
- Es incorrecto combinarlo con los adverbios *antes* y *después* (véase arriba, en esta misma sección).

- *mayormente, mismamente*
  - Son adverbios exclusivamente del lenguaje coloquial, por lo que en los registros cultos deben remplazarse por otros de significado similar. El primero puede sustituirse por *justamente, precisamente, exactamente;* el segundo por *especialmente, sobre todo, máxime:*

Uso incorrecto	Uso correcto
Para ello tiene nuestro autor una respuesta que ⊗***mismamente*** *parece sacada de El mito del siglo xx.*	*(…) que* ***precisamente*** *parece sacada…*
El sector de Guayaquil ⊗***mayormente*** *afectado fue el norte.*	*El sector de Guayaquil* ***especialmente*** *afectado…*

- *no*
  - Es incorrecto usar *no* tras el adverbio *tampoco:*

Uso incorrecto	Uso correcto
Este año Andrea ⊗***tampoco no*** *ha salido de vacaciones.*	*Este año Andrea* ***tampoco*** *ha salido de vacaciones.*

  - Tampoco se considera correcto usar *no* en las oraciones subordinadas que dependen de otra que contiene un verbo de significado negativo o que van precedidas de una partícula negativa:

Uso incorrecto	Uso correcto
Trataremos de impedir que el equipo ⊗***no sufra*** *una nueva derrota.*	*Trataremos de impedir que el equipo* ***sufra*** *una nueva derrota.*
Se marcharon ***sin que*** ⊗***no*** *nos avisaran.*	*Se marcharon* ***sin que*** *nos avisaran.*

  - Se considera expletivo, y por tanto eliminable, el empleo de *no* en ejemplos como los siguientes:

Uso admisible	Uso preferible
Cree que es mejor ir por la autopista ***que no*** *por la carretera comarcal.*	*Cree que es mejor ir por la autopista* ***que por*** *la carretera comarcal.*
Se cayó al río y ***por poco no*** *se ahoga.*	*Se cayó al río y* ***por poco*** *se ahoga.*
No saldrán del encierro ***hasta que no*** *se admitan sus reclamaciones salariales.*	*No saldrán del encierro* ***hasta que*** *se admitan sus reclamaciones salariales.*
*¡****Cuánto no*** *daría por volver a París!*	*¡****Cuánto*** *daría por volver a París!*

  - Para el empleo de *no* seguido de sustantivo ▶ 6.2.

- *poco*

 • La expresión *poco a poco*, significa 'lentamente' o 'en cantidades pequeñas'. No es correcto usar esta locución precedida de la preposición *de:*

Uso incorrecto	Uso correcto
Entonces había que irlo bajando ⊗***de poco a poco.***	*Entonces había que irlo bajando* ***poco a poco.***

 • Precedido de la preposición *por* y seguido de un verbo se usa para decir que estuvo a punto de ocurrir lo expresado por el verbo *(Por poco se cae)*. No es correcto el empleo, para con este significado, del adverbio *poco* tras preposiciones como *a* o *de:*

Uso incorrecto	Uso correcto
¡Me has apuntado tan cerca con la pistola de fogueo que ⊗***a poco*** *me quemas las pestañas…!*	*(…)* ***por poco*** *me quemas…*

 • Con este mismo valor de 'casi' no es aceptable la construcción ⊗*por lo poco:*

Uso incorrecto	Uso correcto
⊗***Por lo poco*** *me toca la lotería.*	***Por poco*** *me toca la lotería.*

- *solo, solamente*

 • Debe evitarse la construcción *solo* (o *solamente*) + *hacer* + *que* y sustituirla por otras más propias de la lengua culta, como *no hacer más que, no hacer otra cosa que, no hacer sino:*

Uso incorrecto	Uso correcto
Una rapsoda, por buena que sea, ⊗***sólo hace que*** *castigar las orejas.*	*(…)* ***no hace sino*** *castigar…,* o bien, *(…)* ***no hace otra cosa que*** *castigar…*

 • Para el uso de la tilde en *solo* ▸ **2.2.2.**

- *todavía*

 • Las modificaciones fónicas ⊗*entodavía,* ⊗*entavía,* ⊗*toavía,* ⊗*tuavía* son vulgares y pertenecen solo a las hablas menos instruidas:

Uso incorrecto	Uso correcto
Lo que pasa es que ⊗***entodavía*** *usté no entiende muy bien las cosas, viejita.*	*Lo que pasa es que* ***todavía…***

§ 3.6 Preposiciones y locuciones prepositivas

■ Las preposiciones son elementos que sirven de enlace entre palabras de significado léxico para marcar que la que se sitúa tras la preposición está subordinada a la primera, es decir, le sirve de complemento: *casa* [***de*** *piedra*]; *viene* [***con*** *unos amigos*]; *resistente* [***a*** *la erosión*]. También se usan para introducir oraciones subordinadas de infinitivo: *Peleó* [***por*** *salir de aquella situación*].

Preposiciones	*a, ante, bajo, como, con, contra, de, desde, durante, en, entre, hacia, hasta, mediante, para, por, según, sin, sobre, tras*
Locuciones prepositivas	*acerca de, a pesar de, a propósito de, a través de, al cabo de, con arreglo a, con objeto de, con respecto a, conforme a, debido a, en cuanto a, en lo que respecta a, en lo tocante a, en virtud de, en torno a, gracias a, junto a, pese a, por culpa de, respecto de, a causa de, de acuerdo con, con relación a, a fin de, de cara a, en relación con, etc.*

■ Cuando se coordinan dos grupos preposicionales, no se debe repetir la preposición, salvo que la eliminación pudiese originar ambigüedad:

Uso incorrecto	Uso correcto
Han venido viajeros de Oaxaca y ⊗***de*** *Veracruz.*	*Han venido viajeros de Oaxaca y Veracruz.*

■ Para la supresión de la preposición ante el relativo *que* ▸**3.3.7.**

■ Los errores en el uso de las preposiciones pueden clasificarse en tres grupos:

- Los que se producen por omisión de la preposición cuando es necesaria:

Uso incorrecto	Uso correcto
⊗***Lo que*** *yo me refería es que…*	***A lo que*** *yo me refería es a que…*

- Los que aparecen por adición de la preposición cuando no es necesaria:

Uso incorrecto	Uso correcto
de adelante ⊗***a atrás.***	*de adelante* ***atrás.***
pienso ⊗***de que…***	*pienso* ***que…***

- Los que origina la sustitución de una preposición por otra:

Uso incorrecto	Uso correcto
Ese acto atenta ⊗***a*** *la dignidad.*	*(…) atenta* ***contra*** *la dignidad.*

■ *a*

• Llevan complemento con *a* palabras como las siguientes:

• **Verbos:** *oler, acceder, acogerse, adaptarse, adherirse, aferrarse, aficionarse, ajustarse, aludir, animarse, aspirar, comprometerse, contribuir, convocar, dignarse,* etc.;

• **Sustantivos:** *acceso, acoplamiento, acoso, adecuación, adhesión, afición, fobia,* etc.

• **Adjetivos:** *adaptable, adherido, afecto, afín, ajeno, alérgico, alusivo, análogo, hostil,* etc. También llevan *a* los comparativos *inferior, superior, anterior, posterior* (▶ 3.2.2).

• La preposición *a* se usa en español para introducir el complemento directo de persona: *Buscamos* [*a Helena/a mis amigos/a alguien*], frente a los complementos directos de cosa, que se construyen sin *a: Buscamos* [*la ciudad/una respuesta*]. Es incorrecto, por tanto, usar la preposición cuando el complemento no tiene carácter personal o animado:

Uso incorrecto	Uso correcto
El informe agrega que el 47.6 por ciento de los encuestados afirmaron que prefieren ⊗**al** *diario* La Prensa *para publicar algún anuncio.*	*(...) prefieren* **el** *diario...*

• Algunas incorrecciones se explican por la contaminación de regímenes sintácticos que se producen entre dos palabras del mismo origen o de similar significado:

Uso incorrecto	Uso correcto
Mancilla ***rehusó*** ⊗***a*** *presentarse a la reelección tras los escándalos.*	*Mancilla* ***rehusó*** *presentarse...*(por confusión con *negarse a*).
La osteoporosis es una enfermedad muy peligrosa porque ⊗***conlleva a*** *la muerte en sus últimos estadios.*	*(...) porque* ***conlleva*** *la muerte...* (por confusión con *llevar a*).

• Es incorrecta la preposición precediendo a un adverbio de movimiento que comienza por *a: de adentro* ⊗*a afuera, de arriba* ⊗*a abajo, de delante* ⊗*a atrás,* etc. En estos casos hay que suprimir la preposición. Del mismo modo, no debe usarse la preposición en las expresiones *boca abajo, boca arriba* (incorrecto: *boca* ⊗*a abajo, boca* ⊗*a arriba*).

• También resulta incorrecta la adición de *a* en la expresión latina ⊗*a grosso modo* → correcto: *grosso modo.*

• La omisión a veces es consecuencia del encuentro de varias vocales iguales en la cadena hablada. Sucede, por ejemplo en casos como:

Uso incorrecto	Uso correcto
⊗*__Va haber__ que repararlo.*	*__Va a haber__ que repararlo.*
Viene de allá ⊗***bajo.***	*Viene de allá **abajo.***
Este año ⊗***va hacer** frío.*	*Este año **va a hacer** frío.*

- Algunos casos de sustitución indebida de la preposición:
  - En la expresión de la velocidad a la que se mueve algo, no es correcto emplear la preposición *a* con las unidades de tiempo *hora, minuto* y *segundo:*

Uso incorrecto	Uso correcto
Recorre cien kilómetros ⊗***a la hora.***	*Recorre cien kilómetros **por hora.***

  - En las estructuras contrastivas en las que el verbo *preferir* se construye con dos complementos, el segundo complemento, que expresa la opción no preferida, debe introducirse con *a,* no con *sobre* ni con *que:*

Uso incorrecto	Uso correcto
Aimar prefiere ser campeón de la UEFA ⊗***que** tener un papel más secundario en la Champions.*	*(…) prefiere ser campeón de la UEFA **a** tener un papel…*

  - Tampoco pertenecen al lenguaje culto los complementos con *a* de algunos sustantivos, adjetivos, etc.:

Forma incorrecta	Forma correcta
⊗*agresión **a***	*agresión **contra***
⊗*atentado **a***	*atentado **contra***
⊗*suspensión **a** [las cuatro ruedas]*	*suspensión **en** [las cuatro ruedas]*
⊗*de acuerdo **a***	*de acuerdo **con***

- Admiten la preposición *a* y la preposición *de* las siguientes construcciones:
  - *En torno a* y *en torno de:* más frecuente la primera y, por tanto, preferible.
  - *Respecto a* y *respecto de:* más culta la segunda, pero menos frecuente.
  - *Con respecto a* y *con respecto de:* más frecuente la primera.
- Las construcciones sustantivo + *a* + infinitivo son galicismos de gran difusión en español, especialmente en lenguajes especializados, como el de la economía, el administrativo o el periodístico. Solo se consideran correctas con algunos sustantivos *(asunto, cuestión, aspecto, cantidad,* etc.); se recomienda

reemplazar la preposición por otras más frecuentes en español, como *por* o *para*, el relativo *que* o, en ocasiones, todo el conjunto por un adjetivo:

Uso incorrecto	Uso correcto
Este año se triplica la oferta (...) con 37 deportes ⊗***a elegir.***	*(...) con 37 deportes* ***para elegir.***
Dávicce admitió la posibilidad de que en fecha ⊗***a designar,*** *se realice en el estadio* Monumental *un partido.*	*(...) fecha* ***por designar.***

• En casos como *modelo a imitar, ejemplo a seguir,* etc., el complemento es simplemente eliminable por redundante:

Uso incorrecto	Uso correcto
Fue un hombre cabal y limpio, un modelo ⊗***a imitar*** *por todos.*	*(...) un modelo* ***para*** *todos...*

• Las construcciones sustantivo + *a* + sustantivo solo son aceptables cuando el complemento acompaña a un sustantivo derivado de un verbo de acción *(pintura al óleo, cocción al vapor).* Son incorrectas construcciones del tipo ⊗*barco a vapor,* ⊗*cocina a gas* → correcto: *cocina de gas, barco de vapor.* Son excepciones en este punto *olla a presión* y *avión a reacción,* que están generalizadas y admitidas.

Uso incorrecto	Uso correcto
(...) las cuales operan con un motor ⊗***a gasolina*** *de bajas revoluciones.*	*(...) un motor* ***de gasolina...***

• Para el uso de la preposición *a* con el artículo *el* ▸ 3.3.1b.

• Para el empleo de *a la que* y *a lo que* para introducir oraciones temporales ▸ 3.7.

■ *ante*

• Llevan complemento con *ante* las palabras siguientes:

- **Verbos:** *interceder, precaverse, retroceder,* etc.
- **Sustantivos:** *actitud, intransigencia, indiferencia, postura, resistencia, sumisión,* etc.
- **Adjetivos:** *indefenso, inerme, perplejo, precavido,* etc.

• Es una preposición de significado locativo que se usa para situar un elemento delante o en presencia de otro. Se usa en ocasiones incorrectamente en lugar de *contra, con* o *a,* especialmente en el lenguaje de los medios deportivos:

Uso incorrecto	Uso correcto
Más difícil lo tendrá Conchita Martínez porque juega ⊗***ante*** *una francesa de mucha calidad.*	*(...) porque juega* ***contra...*** o *(...) juega* ***con...***

■ *bajo*

• Pueden llevar complemento con *bajo* verbos como *cobijarse, protegerse, resguardarse,* etc.

• Significa posición inferior espacialmente, subordinación o dependencia, por lo que no es correcto emplearla en construcciones en las que no se da ninguno de estos valores:

Uso incorrecto	Uso correcto
*⊗**bajo** la base de.*	***desde** o **sobre** la base de.*
*⊗**bajo** unas circunstancias.*	***en** unas circunstancias.*
*Hoy estamos utilizando esa área para estacionar autos japoneses en tránsito para Argentina y Paraguay ⊗**bajo** el régimen de zona franca.*	*(...) **en** régimen de zona franca.*
*Como es sabido, ⊗**bajo** el número 1553/96 el Poder Ejecutivo nacional resolvió facultar al ministerio de Trabajo y Seguridad Social...*	*(...) **según** el número...*

• Aunque tradicionalmente se ha considerado incorrecta la expresión *bajo el punto de vista* y se ha recomendado su sustitución por *desde el punto de vista,* se ha generalizado el uso, por lo que habría que considerarla aceptable.

• No debe usarse con el sentido de 'conforme a, de acuerdo con':

Uso incorrecto	Uso correcto
*La decisión de la juez Edmunds implica que el caso será juzgado ⊗**bajo** la ley norteamericana sobre chantaje.*	*(...) el caso será juzgado **según** la ley norteamericana...*

■ *como*

• Se considera superfluo el empleo de *como* con verbos que se construyen con complemento predicativo: *nombrar, denominar, elegir, declararse* y similares:

Uso incorrecto	Uso correcto
*Lo han nombrado ⊗**como** consejero de administración.*	*Lo han nombrado consejero de administración.*

• El uso de *como* con el sentido de 'en el papel de' se considera anglicismo rechazable:

Uso incorrecto	Uso correcto
*En la película actúa Gabino Diego ⊗**como** Carlos III el Hechizado.*	*(...) **en el papel de** Carlos III...*

• Para el uso adverbial de *como* ▸ 3.5; para su uso como conjunción ▸ 3.7.

- *con*
  - Pueden llevar complemento introducido por *con:*
    - **Verbos:** *aliarse, alinearse, alternar, alzarse, arreglarse, ataviarse, avenirse, bastar, contactar, contar, enriquecerse, entroncar, pactar, primar, relacionarse, simpatizar,* etc.
    - **Sustantivos:** *acuerdo, amistad, analogía, colaboración, comparación, compromiso, connivencia, cotejo, nexo, parentesco, similitud, vinculación,* etc.
    - **Adjetivos:** *acorde, amable, bueno, coincidente, complaciente, comprometido, concorde, conforme, contradictorio, correlativo, fronterizo, intolerante, lindante,* etc.
  - Se emplea indebidamente *con* en esquemas sintácticos en los que corresponde otra preposición:

Uso incorrecto	Uso correcto
Arístides Sorto, representante de Municipal Limeño, *discrepa* ⊗***con*** *la Comisión.*	*(...) discrepa* ***de*** *la comisión.*
Ello debe ir acompañado ⊗***con*** *una reestructuración del poder judicial.*	*(...) acompañado* ***de...***
Te limitas ⊗***con*** *estudiar lo imprescindible.*	*Te limitas* ***a*** *estudiar lo imprescindible.*

  - Resulta redundante usar la preposición *con* tras el adverbio *conjuntamente:*

Uso incorrecto	Uso correcto
España participa ⊗***conjuntamente con*** *los países ribereños de su entorno.*	*(...)* ***junto a*** *los países...* o bien *(...)* ***con*** *los países ribereños...*

- *contra*
  - Llevan complemento con *contra* palabras como las siguientes:
    - **Verbos:** *apelar, arremeter, atentar, chocar, confabularse, conspirar, protestar,* etc.
    - **Sustantivos:** *alegato, antídoto, apelación, ataque, confabulación, conjura, conspiración, prevención, querella, reclamación, recurso, revuelta, vacuna,* etc.
  - El significado de oposición que aporta esta palabra hace que a menudo tienda a sustituirse por otras que mitigan el significado, como *a, para, hacia* o *sobre,* pero estas resultan menos apropiadas:

Uso admisible	Uso preferible
Por ello, se compara a las benzodiacepinas con el jarabe ***para*** *la tos.*	*(...) jarabe* ***contra*** *la tos.*
(...) quien, por lo demás, escucharía mis explicaciones con suspicacia, dispuesta, siempre, a hallarme culpable de alguna falta ***hacia*** *ella.*	*(...) falta* ***contra*** *ella.*

• Es incorrecto el empleo de ⊗*contra más,* ⊗*contra menos* por *cuanto más, cuanto menos* (▶ 3.7).

■ *de*

• Llevan complemento con *de* las palabras siguientes, entre otras:

• **Verbos:** *abarrotarse, abastecerse, abdicar, abjurar, abominar, absolver, aburrirse, abusar, acabar,* etc.

• **Sustantivos:** prácticamente todos pueden llevar complemento con *de.*

• **Adjetivos:** *analógico, ansioso, cansado, deseoso, falto, lleno, natural, originario, procedente, radiante, rebosante, repleto,* etc.

• A menudo se elide la preposición incorrectamente con verbos como *incautarse* [de algo], *proveer* [*de* algo o *con* algo]:

Uso incorrecto	Uso correcto
Fue una operación policial en cuyo desarrollo ⊗***se incautó*** *una tonelada de cocaína.*	*(...) en cuyo desarrollo* ***se incautó de*** *una tonelada...*
Nuestros empresarios (...) no han sido capaces de ⊗***proveer*** *servicios y productos.*	*(...) no han sido capaces de* ***proveer de*** *servicios...*

• La adición de la preposición es incorrecta en las locuciones latinas *motu proprio* (es incorrecto ⊗*de motu proprio,* así como la pronunciación ⊗*de motu propio*), *ex profeso* (es incorrecto ⊗*de ex profeso*), *ipso facto* (incorrecto: ⊗*de ipso facto*), *córpore insepulto* (incorrecto: ⊗ *de córpore insepulto*).

• La preposición se usa incorrectamente en algunos casos por el cruce del régimen sintáctico de dos verbos o por interferencias de significado: por influencia de *acordarse de,* a veces se usa ⊗*recordarse* [*de* algo], en lugar de *recordar;* el empleo de *saber* [*de* algo] lleva al uso erróneo ⊗*conocer de; tratar de* puede ser la causa del incorrecto ⊗*intentar* [*de* algo]:

Uso incorrecto	Uso correcto
Es que yo lo que ⊗***me acuerdo*** *con horror eran los mareos.*	*Es que yo lo que* ***recuerdo*** *con horror eran los mareos.*

• Se admite la construcción con *de* o sin preposición en las locuciones conjuntivas temporales *antes que* y *antes de que, después que* y *después de que,* cuando introducen una oración subordinada: *antes de que vengan* o *antes que vengan.*

• Se emplea indebidamente *de* en lugar de otra preposición en ejemplos como los siguientes:

Uso incorrecto	Uso correcto
Es una adicta ⊗***del*** *trabajo.*	*Es una adicta* ***al*** *trabajo.*
Ganamos ⊗***de*** *treinta puntos.*	*Ganamos* ***por*** *treinta puntos.*
Tiene opción ⊗***de*** *un premio.*	*Tiene opción* ***a*** *un premio.*

• No es correcto añadir la preposición en las expresiones causativas con el verbo *hacer,* como *hacer reír, hacer llorar, hacer rabiar* (▶ 3.4.3); pero es válida en *hacerse de rogar.*

• El empleo de la preposición o su ausencia implica significados diferentes en la perífrasis *deber de + infinitivo* frente a *deber + infinitivo* (▶ 4.3.2).

PARA SABER MÁS

▶ **Perífrasis verbal: Es un núcleo verbal complejo formado por dos verbos o más, por lo general unidos con nexos. Un verbo aparece conjugado, el verbo auxiliar, y aporta un matiz significativo; el verbo principal aparece en forma no conjugada (infinitivo, gerundio o participio) y aporta el significado principal de la perífrasis. Ejemplos:**

va a llover; tienes que arreglar **el tejado;** ***suele pasear*** **por las tardes; José** ***está durmiendo, tengo que ponerme a preparar*** **el informe.**

• Para la alternancia entre las preposiciones *a* y *de* en algunas estructuras, véase el apartado relativo a la preposición *a.*

• Para la contracción del artículo y la preposición ▶ 3.3.1b.

• Para las adiciones o supresiones de la preposición *de* que originan dequeísmo y queísmo ▶ 4.3.1.

■ *desde*

• En algunos usos metafóricos, se emplea en exceso *desde* en sustitución de *con:*

USO INCORRECTO	USO CORRECTO
Te lo digo ⊗***desde*** *el respeto.*	*Te lo digo* ***con*** *respeto.*

■ *durante*

• Es incorrecto emplear la preposición *por* en lugar de *durante* en casos como:

USO INCORRECTO	USO CORRECTO
El presidente ha hecho un viaje ⊗***por*** *dos días.*	*(...)* ***durante*** *dos días.*

• Es redundante la preposición combinada con perífrasis durativas, por lo que se aconseja su supresión:

USO ADMISIBLE	USO PREFERIBLE
Lleva nevando ***durante tres días.***	*Lleva nevando* ***tres días.***

■ *en*

• Entre las palabras que llevan complemento con *en* se encuentran las siguientes:

- **Verbos:** *abdicar, ampararse, anclarse, arreciar, basarse, caer, cejar, cifrarse, concentrarse, convenir, convertirse, degenerar, deleitarse, ejercitarse, empeñarse, emperrarse, entremeterse, insistir,* etc.
- **Sustantivos:** *confianza, consenso, creencia, empeño, insistencia, énfasis,* etc.
- **Adjetivos:** *absorto, competente, docto, ducho, entendido, escaso, especialista, experto, rico,* etc.

• Hay que evitar el uso de *en* por *dentro de* o *al cabo de,* para indicar el tiempo que falta para que comience o se reanude una actividad. Es un uso que produce ambigüedad:

Uso incorrecto	Uso correcto
Pidió a Baquero que bajara por él a preguntar si se tenía que vestir de futbolista o de persona, y Baquero subió ⊗***en*** *unos minutos y confirmó a Gordillo que debía vestirse de futbolista.*	*(…) subió* ***al cabo de*** *unos minutos…*
Le contamos las noticias ⊗***en*** *cinco minutos* (pero el ejemplo es válido para expresar que la exposición de las noticias durará cinco minutos).	*Le contamos las noticias* ***dentro de*** *cinco minutos.*

• Para señalar el estadio final de un proceso, no es correcto emplear *con* en lugar de *en:*

Uso incorrecto	Uso correcto
La enfermedad terminó ⊗***con*** *la muerte.*	*La enfermedad terminó* ***en*** *la muerte.*
(…) detenido como presunto encubridor y al que se acusa de haber provocado la discusión que terminó ⊗***con*** *el homicidio.*	*(…) terminó* ***en*** *el homicidio.*

• No es correcta la locución ⊗*en base a.* En su lugar pueden emplearse otras como *sobre la base de, en función de, de acuerdo con, según, con base en:*

Uso incorrecto	Uso correcto
Rabat,⊗***en base a*** *cálculos técnicos, ha estimado que el referéndum será el 6 de diciembre del año próximo.*	*Rabat,* ***de acuerdo con*** *cálculos técnicos, ha estimado que el referéndum…*
Centenares de miles de agricultores expresaron su deseo de adherirse al nuevo sindicato, denegado por el tribunal ⊗***en base a*** *que éstos no pueden ser considerados asalariados ni patrones.*	*(…) denegado por el tribunal* ***basándose en que*** *éstos no pueden ser considerados asalariados…*

■ *entre*

• Llevan complemento con *entre* palabras como las que aparecen a continuación:

- **Verbos:** *interceder, fluctuar, incluirse, mediar, repartir, vacilar,* etc.
- **Sustantivos:** *aceptación, acuerdo, alianza, alternancia, amistad, choque, colisión, combate, consenso, convergencia, reparto,* etc.
- **Adjetivos:** *fluctuante, inerme, indeciso, perplejo, precavido, vacilante,* etc.

• Es vulgar el empleo de *entre* por *cuanto,* excepto en México y los países centroamericanos, donde el uso alcanza todos los niveles (▶ 3.7):

Uso incorrecto	Uso correcto
*(...), porque ⊗**entre más** se apegue a la legislación, menos se equivoca el hombre.*	*(...) **cuanto más** se apegue a la legislación...*

• Es incorrecto emplear *entre que* por *mientras* (▶ 3.7) o por *entre:*

Uso incorrecto	Uso correcto
*En medio de ellos el Gordo menea la cabeza ⊗**entre que** pendejo y misterioso.*	*(...) menea la cabeza **entre** pendejo y misterioso.*

■ *hacia*

• Se considera anglicismo usar *hacia* en lugar de *a, ante, con, para con...* con sustantivos que significan disposición anímica favorable o desfavorable *(amor, antipatía, actitud, elogio, fobia, fervor, sensibilidad,* etc.).

Uso incorrecto	Uso correcto
*El patriotismo es un sentimiento natural de amor ⊗**hacia** la tierra donde se nace.*	*(...) el amor **a** la tierra...* o *(...) el amor **por** la tierra...*

■ *hasta*

• Con valor de complemento circunstancial de tiempo en oraciones de significado negativo, tiene dos significaciones opuestas en español. En la mayor parte del territorio hispanohablante una oración como ***Estará** en su casa **hasta** las ocho* se interpreta como 'a las ocho dejará de estar en su casa', y ***No estará** en su casa **hasta** las ocho* como 'llegará a su casa **a partir de** las ocho'. No obstante, en México, América Central, Colombia y zonas de Venezuela y Ecuador se ha eliminado el adverbio de negación, de manera que la oración ***Estará** en su casa **hasta** las ocho* ha pasado a significar que '**no** llegará **antes de** esa hora', lo contrario que en el resto del territorio. Lo recomendable es que, para evitar ambigüedad, se conserve el adverbio de negación.

• Conviene no abusar de *hasta* con valor enfatizador, en expresiones como *Le dieron hasta ocho puñaladas, Ha tardado hasta ocho segundos*. Debe eliminarse directamente cuando ni siquiera tiene función enfatizadora:

Uso incorrecto	Uso correcto
El diario progubernamental El Nacional dijo que [hubo un] *terremoto* ***de*** *⊗**hasta** seis grados en la escala abierta de Richter.*	*(...) hubo un terremoto* ***de*** *seis grados...*

■ *para*

• Llevan complemento con *para* algunas palabras como las siguientes:

• **Verbos:** *adiestrar, bastar, capacitar, interceder*, etc.

• **Sustantivos:** *acicate, amenaza, aptitud, autorización, clave, disposición, facilidad, habilidad, impedimento, óbice, obstáculo, problema, reto*, etc.

• **Adjetivos:** *aceptable, apropiado, apto, beneficioso, competente, conveniente, dispuesto, fundamental, hábil, listo, necesario, preparado, precavido*, etc.

• Tiene significado de finalidad, dirección o temporalidad. No es correcto usar la preposición en casos en los que se requiere un relativo:

Uso incorrecto	Uso correcto
*Gasol jugó 31 minutos ⊗**para** anotar 6 de 20 tiros de campo y 5 de 5 desde la línea de personal.*	*Gasol jugó 31 minutos,* ***en los que*** *anotó 6 de 20 tiros...*

• Es un vulgarismo la contracción fónica ⊗*pa*, muy abundante incluso en el registro coloquial. Asimismo, son vulgares las contracciones de la preposición con el artículo *(⊗pal)* y con algunos adverbios *(⊗palante, ⊗patrás, ⊗padentro, ⊗pafuera)*.

■ *por*

• Llevan complemento con *por* las palabras siguientes:

• **Verbos:** *abogar, acabar, afanarse, batallar, combatir, comenzar, dar, disculparse, escandalizarse, luchar, pedir, optar, rezar, rogar*, etc.

• **Sustantivos:** *admiración, amor, ansia, desinterés, interés, desprecio, devoción, empeño, lucha, predilección, repugnancia*, etc.

• **Adjetivos:** *ansioso, loco, molesto, obsesionado, poseído*, etc.

• Debe evitarse la preposición en la secuencia sustantivo + *por* + infinitivo, en construcciones como ⊗*medios por emplear,* ⊗*revisión por realizar,* ⊗*razones por destacar.* Se debe reemplazar por otra construcción, como *medios que hay que emplear, que deben emplearse.*

• Es innecesaria la preposición en los complementos de tiempo para expresar duración determinada:

Uso incorrecto	Uso correcto
La exposición permanecerá abierta ⊗***por dos meses.***	*(...) permanecerá abierta* ***dos meses.***

• La agrupación de preposiciones *a por* es de uso exclusivo de España y la norma académica tradicionalmente había tachado este uso de incorrecto; no obstante, puede defenderse su idoneidad en algunos casos basándose en el valor distintivo que presenta en algunas secuencias: *Vino a la fiesta por su novio* frente a *Vino a la fiesta a por su novio.* Se recomienda que no se use *a por,* excepto en estos casos de posible ambigüedad.

■ *sobre*

• Llevan complemento con *sobre* las palabras siguientes:

• **Verbos:** *abalanzarse, asentarse, cernerse, conversar, fundarse, influir, ironizar, opinar,* etc.

• **Sustantivos:** *conversación, consenso, deliberación, discusión, efecto, gravamen, impacto, impuesto, incidencia, influencia, predominio, primacía,* etc.

• **Adjetivos:** *asentado, consultado, debatido, escéptico,* etc.

• Con el verbo *preferir,* no debe usarse *sobre* en sustitución de *a:*

Uso incorrecto	Uso correcto
preferir una cosa ⊗***sobre*** *otra.*	*preferir una cosa* ***a*** *otra.*

• No es apropiado usar *sobre* en lugar de *contra:*

Uso incorrecto	Uso correcto
(...) ni tampoco se hubieran incrementado las amenazas de agresión ⊗***sobre*** *esas naciones.*	*(...) las amenazas de agresión* ***contra*** *esas naciones.*

■ *tras*

• No es correcto usar esta preposición para indicar simultaneidad o para expresar la causa de algo:

Uso incorrecto	Uso correcto
Hubo cinco heridos ⊗***tras*** *la reyerta.*	*Hubo cinco heridos* ***en*** *la reyerta.*

No volverá a jugar como tal debido a una lesión que se produjo ayer en un entrenamiento ⊗***tras*** *una entrada de un jugador del filial.*	*(…)* ***como consecuencia de*** *una entrada…*

■ *a nivel de*

• Es una expresión de la que se abusa actualmente. Su uso es aceptable para indicar 'altura' —en cuyo caso se prefiere *al nivel de*— o, metafóricamente, 'categoría jerárquica, rango', pero debe evitarse cuando no tiene ninguno de estos valores y se debe sustituir por otras fórmulas más apropiadas:

Uso incorrecto	Uso correcto
No solamente pide mejoras salariales, sino mejoras ⊗***a nivel de*** *contratación.*	*(…) sino mejoras* ***en*** *la contratación* o *(…)* ***en cuanto*** *a la contratación.*

■ *al objeto de*

• Locución equivalente a las variantes *con objeto de* y *con el objeto de*. Si se usa la preposición *a*, es incorrecto suprimir el artículo:

Uso incorrecto	Uso correcto
Solicitó al fiscal general de la República abrir una exhaustiva investigación ⊗***a objeto de*** *establecer las responsabilidades penales.*	*(…)* ***con objeto de*** *establecer…* o ***al objeto de*** *establecer…*

• También es incorrecto suprimir la preposición *de* cuando sigue una oración encabezada por la conjunción *que:*

Uso incorrecto	Uso correcto
Se entregan a los participantes ⊗***con el objeto que*** *ellos hagan presentaciones.*	*(…)* ***con el objeto de que…***

■ *conforme a*

• Con el significado de 'según, con arreglo a' es incorrecta la supresión de la preposición *a:*

Uso incorrecto	Uso correcto
(…) reafirmaron la voluntad de ambos países de concretar el proceso de paz ⊗***conforme*** *lo establecido en el acuerdo de Itamaratí.*	*(…)* ***conforme a*** *lo establecido…*

■ *de cara a*

• Se trata de una locución de la que se abusa actualmente, a veces con la variante *cara a*. A pesar de que se admite con los significados de 'mirando a' y 'con vistas a', se recomienda su sustitución por una preposición simple cuando sea posible:

Uso incorrecto	Uso correcto
*Y fue el ministerio de este país el que decidió que se comercializara, aunque sólo ⊗**de cara a** los hospitales especializados.*	*(…)* ***entre*** *los hospitales…*

• Es inapropiado usar la locución con los sentidos de 'ante' o 'en relación con':

Uso incorrecto	Uso correcto
*La reunión con Reno y Albright que efectúa el canciller Alvarez es en conjunto con sus homólogos de Centroamérica, ⊗**de cara a** la visita del presidente Bill Clinton.*	*(…)* ***ante*** *la visita del presidente…*
*El actual gobernador de Texas también aventaja a Gore (…) ⊗**de cara a** las elecciones del próximo 7 de noviembre.*	*(…)* ***en relación con*** *las elecciones…*

■ *después de*

• Esta locución prepositiva tiene un valor temporal de posterioridad. No es correcto emplearla con el valor de simultaneidad ni como equivalente de *a causa de:*

Uso incorrecto	Uso correcto
*Mi relación más cercana con Martín fue en la época en que se lesionó la mano, ⊗**después de** la pelea con Betulio González.*	*(…)* ***durante*** *la pelea,* o bien, *(…)* ***en*** *la pelea…*

■ *en aras de*

• Esta expresión significa 'en honor de' o 'en interés de'. Es incorrecto usar como variante ⊗*en aras a:*

Uso incorrecto	Uso correcto
*(…) se ha defendido públicamente ⊗**en aras a** la favorable evolución previsible de nuestra balanza de pagos.*	*(…)* ***en aras de*** *la favorable evolución…*

■ *en base a*

• Es incorrecto usar esta expresión, tanto en el sentido de 'por medio de, valiéndose de' como en el de 'con apoyo o fundamento en':

Uso incorrecto	Uso correcto
*Temen la bonanza que traería un clima de esta naturaleza, porque tendrían que competir ⊗**en base a** las herramientas del mercado.*	*(…) tendrían que competir* ***valiéndose de*** *las herramientas…*

■ *sobre la base de*

• Es una impropiedad usar la preposición *bajo* en esta locución; la forma correcta es *sobre la base de:*

Uso incorrecto	Uso correcto
La selección se hará ⊗***bajo la base de*** *los logros obtenidos en lo comercial.*	*(...) se hará* ***sobre la base de*** *los logros...*

§ 3.7 Conjunciones y locuciones conjuntivas

■ Son palabras o locuciones relacionantes, es decir, que sirven para relacionar elementos de la misma categoría sintáctica. Se dividen en dos grupos: las **coordinantes** y las **subordinantes.** Las conjunciones coordinantes pueden enlazar oraciones *(Llueve* ***y*** *hace sol; Ha salido,* ***pero*** *no tardará en regresar)* o grupos sintácticos *(Ha comprado una barra de pan* ***y*** *una botella de leche; Es desordenado,* ***pero*** *muy intuitivo).* Las subordinantes solo enlazan oraciones e indican la dependencia de la frase introducida por la conjunción.

■ La clasificación de las conjunciones y locuciones conjuntivas del español es la siguiente:

COORDINANTES	
Copulativas	*y (e), ni*
Disyuntivas	*o (u), o bien*
Distributivas	*bien.... bien, ya... ya, ora... ora*
Consecutivas	*luego, conque, así que, así pues, pues bien, de forma que, de manera que, de modo que, etc.*
Adversativas	*pero, sino, mas, aunque, a pesar de que, etc.*
Explicativas	*o sea, es decir, esto es, por ejemplo*

SUBORDINANTES	
Completivas	*que, si*
Causales	*que, porque, como, pues, dado que, puesto que, ya que, etc.*
Concesivas	*aunque, por más que, por mucho que, si bien, aun cuando, a pesar de que, pese a que, eso que, etc.*
Condicionales	*si, como, cuando, con tal (de) que, con que, siempre que, a no ser que, a condición de que, a menos que, etc.*
Finales	*que, para que, a fin de que...*
Temporales	*cuando, mientras (que), en cuanto, tan pronto como, cada vez que, una vez que, etc.*
Modales	*como, según*
Consecutivas	*tan, tal, tanto... que*
Comparativas	*más, menos, mejor, peor... que; tan... como, etc.*

■ *conque*

- Es una conjunción consecutiva equivalente a *así que*. Debe escribirse en una sola palabra. Para las diferencias entre *con que, con qué* y *conque* ► **2.3.3.**

  Han cerrado la autovía, conque nos iremos por la carretera comarcal.
  Conque no íbamos a pescar nada, ¿eh?

■ *como*

• En las estructuras comparativas, no es correcto el empleo de ⊗*tal cual como…*, que se encuentra en algunos países hispanoamericanos, en lugar de *tal como:*

Uso incorrecto	Uso correcto
*(…) sobre todo las primeras experiencias no son ⊗**tal cual como** tú te las has soñado.*	*(…) no son **tal como** tú las has soñado.*

• Se considera erróneo el empleo de *como que* por *como* en oraciones causales antepuestas a la oración principal:

Uso incorrecto	Uso correcto
⊗***Como que** hay una crisis tan fuerte, la empresa se ha visto obligada a rescindir los contratos.*	***Como** hay una crisis…*

• Es incorrecta la construcción ⊗*ser como que,* que en ocasiones es directamente eliminable y, en otras, debe sustituirse por fórmulas más precisas del tipo de *como si, semejante a:*

Uso incorrecto	Uso correcto
*Muchas de las cosas que ellos escuchan a mí me resultan muy atractivas, porque es ⊗**como que** la rueda dio la vuelta completa.*	*(…) es **como si** la rueda hubiera dado la vuelta…*

• No es aconsejable usar *como que* cuando se puede suprimir sin que cambie el sentido del enunciado. No obstante, a veces se emplea como recurso mitigador del efecto negativo que pueda ocasionar el enunciado:

Uso incorrecto	Uso correcto
*Un espacio que sea ⊗**como que** integrador de los chicos.*	*Un espacio que sea integrador de los chicos…*

• Para el uso de *como* en función adverbial ▸ **3.5**; para el empleo como preposición ▸ **3.6**.

■ *cuando*

• Es coloquial el empleo de las expresiones *a la que* y *a lo que* para introducir oraciones temporales. Debe evitarse en el lenguaje cuidado:

Uso incorrecto	Uso correcto
⊗***A la que** vienes, pásate por el mercado.*	***Según** vienes, pásate por el mercado,* o bien, ***Cuando** vengas…*

■ *cuanto más, cuanto menos*

• Las secuencias *cuanto más* y *cuanto menos* son locuciones conjuntivas que introducen oraciones temporales y condicionales. La concordancia de *cuanto* está relacionada con su combinación con sustantivos o adjetivos (▶ 3.3.5 y 4.5).

• Para la confusión con *cuando más, cuando menos* ▶ 3.5.

• Se considera un vulgarismo sustituir *cuanto* por la preposición *contra* u otras deformaciones fónicas como ⊗*contrimás,* ⊗*contimás,* ⊗*cuantimás* (▶ 3.5).

■ *en cuanto que*

• Solo es correcto mantener la conjunción *que* cuando la locución tiene el valor de 'porque' o el valor de 'como, en calidad de':

Es constatable, **en cuanto que** es accesible al sujeto y éste, a su vez puede darlo a conocer a los otros.

Y aquí, lógicamente entran en juego todas las capacidades, las actitudes, las características, las actividades... de esa población a través del tiempo **en cuanto que** grupo social.

• Para el significado 'tan pronto como', se desaconseja usar *que*, aunque la conjunción aparece a menudo en el registro coloquial:

Uso incorrecto	Uso correcto
Un señor, sentado en la mesa de al lado, escuchaba su conversación y, ⊗***en cuanto que*** *pudo, dio el chivatazo a la policía.*	*(...)* ***en cuanto*** *pudo...*

• No hay que confundir esta locución conjuntiva con la locución prepositiva *en cuanto a:*

Uso incorrecto	Uso correcto
Nosotros hemos estado de acuerdo ⊗***en cuanto que*** *nuestro problema se podría mejorar con mucho menos dinero del que piden los rectores.*	*Nosotros hemos estado de acuerdo* ***en cuanto a*** *que nuestro problema se podría mejorar...*

■ *entre más, entre menos*

• Con el valor de 'cuanto más', 'cuanto menos' solo es aceptable en la norma culta de México y el área centroamericana:

Uso incorrecto	Uso correcto
Se pudo determinar que ⊗***entre más*** *nivel de escolaridad, mayor conocimientos sobre la anatomía de ambos sexos.*	*(...)* ***cuanto más*** *nivel de escolaridad...*

■ *luego que*

• Esta locución conjuntiva de valor temporal a veces se usa incorrectamente con una preposición *de* intercalada, ⊗*luego de que:*

Uso incorrecto	Uso correcto
Fue la segunda información que se ha emitido desde ayer sobre los cosmonautas ⊗***luego de que*** *acoplaran su vehículo Soyuz-17 al laboratorio espacial.*	*(...)* ***luego que*** *acoplaran...*

■ *mientras, mientras que*

• Se prefiere *mientras que* para expresar simultaneidad y para expresar contraste:

Uso admisible	Uso preferible
Tú lava los platos ***mientras*** *yo recojo.*	*Tú lava los platos* ***mientras que*** *yo recojo.*
Pero ***mientras*** *los liberales la hacen cumplir de afuera hacia adentro con un policía armado de una clava, los conservadores lo conseguimos desde dentro.*	*(...) pero* ***mientras que*** *los liberales la hacen cumplir...*

• Se prefiere *mientras* con valor de simple conjunción temporal:

Uso admisible	Uso preferible
A ver, si necesita algo yo la ayudaré, claro, ***mientras que*** *esté en mi mano.*	*(...)* ***mientras*** *esté en mi mano.*

• No debe sustituirse *mientras* por ⊗*en lo que* ni ⊗*entre que,* formas consideradas propias del registro vulgar:

Uso incorrecto	Uso correcto
(...) y raudas fueron al baúl y ⊗***entre que*** *sacaban linos y muselinas reventando de bordados, le contaron por enésima vez a María Rosa...*	*(...) y* ***mientras*** *sacaban linos y muselinas...*
Ahora, en las oficinas de su nuevo empleo en una compañía exhibidora norteamericana, ⊗***en lo que*** *llega la noche del próximo 22 de julio en el Palacio de Bellas Artes.*	*(...)* ***mientras*** *llega la noche...*

• *Mientras más* y *mientras menos* son locuciones de valor temporal condicional, equivalentes a *cuanto más, cuanto menos* (▶ 3.5).

■ *no sea que, no vaya a ser que, no fuera que*

• Estas fórmulas se usan para expresar un reparo, una salvedad o una precaución. No deben sustituirse por la expresión ⊗*no siendo que,* correspondiente solo al registro coloquial.

Uso incorrecto	Uso correcto
Pues ya ves, todos le vienen bien, según parece, de todos saca algo y los exprime, ⊗***no siendo que*** *se pierda un jugo salutífero para abonar sus tesis.*	*(…)* ***no vaya a ser que*** *se pierda un jugo…*

■ *o sea*

• Debe escribirse separado en dos palabras (▶ 2.3.3):

Uso incorrecto	Uso correcto
Flotan en tiempo de réquiem, ⊗***osea,*** *en cámara lenta*	*(…)* ***o sea,*** *en cámara lenta.*

• Es una expresión invariable, por lo que no se debe emplear en plural:

Uso incorrecto	Uso correcto
(…) y los terrenos inmediatos hasta la distancia de una milla, ⊗***o sean*** *mil seiscientos setenta y dos metros.*	*(…)* ***o sea,*** *mil seiscientos setenta y dos metros.*

• No pertenece a la lengua culta la variante ⊗*o séase* y menos aún la forma ⊗*u séase*. Tampoco es admisible la reducción fónica ⊗*osá:*

Uso incorrecto	Uso correcto
Pintadme mentalmente los hábitos externos e internos ⊗***o séase*** *la índole y costumbres de…*	*(…),* ***o sea,*** *la índole…*
Ya vino con el cuento, la beatona. ⊗***U séase*** *que no hay más que añadir…*	*(…)* ***O sea*** *que no hay más que añadir…*

■ *por cuanto*

• Es incorrecto añadir la conjunción *que* en la locución conjuntiva causal *por cuanto:*

Uso incorrecto	Uso correcto
La iniciativa (…) es novedosa ***por cuanto*** ⊗***que*** *introduce un elemento de debate.*	*(…)* ***por cuanto*** *introduce un elemento de debate.*

■ *porque*

• Para la forma correcta de escribir *porque, por qué, por que* y *porqué* ▶ 2.3.3.

■ *que*

• En la reproducción de las palabras textuales (estilo directo) no se debe anteponer la conjunción *que:*

Uso incorrecto	Uso correcto
Ramírez León señaló ⊗***que*** *'no vamos a tolerar este tipo de atropellos que generan más violencia'.*	*Ramírez León señaló: «No vamos a tolerar…»* o bien, *Ramírez León señaló* ***que*** *no iban a tolerar…*

• Aunque el empleo de *que* puede adquirir valor enfático en oraciones exclamativas, la norma culta escrita prefiere la eliminación en casos como los siguientes:

Uso admisible	Uso preferible
*¡Qué rico **que** está el cocido!*	*¡Qué rico está el cocido!*
*¡Qué bien **que** lo pasamos!*	*¡Qué bien lo pasamos!*
*(...) y ya vas a ver qué bien **que** suena su nuevo discurso.*	*(...) qué bien suena...*

• Pero, en estos casos, la conjunción *que* es obligada si lo que sigue es una oración subordinada de sujeto:

Qué pena **que** ya se haya marchado.

• Es incorrecta la supresión de la conjunción en la locución conjuntiva temporal *una vez que:*

Uso incorrecto	Uso correcto
*Recibirán autorización para trabajar en España ⊗**una vez** hayan transcurrido seis meses desde la presentación de su petición.*	*(...) **una vez que** hayan transcurrido...*

• En las estructuras en las que se expresa un contraste entre dos actitudes, debe usarse *que,* no la preposición *de,* cuando los términos comparados son grupos nominales, adjetivos o pronombres:

Uso incorrecto	Uso correcto
*Ah, pues ⊗**yo de ti** me preocuparía.*	*Ah, pues **yo que tú** me preocuparía .*
*Sobrevivió profesionalmente —⊗**al contrario de** otras colegas— a aquel movimiento.*	*(...) **al contrario que** otras colegas...*

• Pero se emplea *de* cuando el segundo término de la estructura contrastiva es una oración:

(...) ya existen plazos de finalización, **al contrario de lo que** ocurre con la nueva pista.

• Para el queísmo y el dequeísmo ▶ **4.3.1.**

■ *y*

• En la coordinación, se debe sustituir la copulativa *y* por la variante *e* cuando la palabra que sigue comienza por *i-*, *hi-:* *madre **e** hija* (y no, ⊗*madre y hija) tonto **e** imbécil* (y no, ⊗*tonto y imbécil*). No obstante, se mantiene la *y* cuando la palabra comienza por *hie-*: *alfalfa y hierba; atacan y hieren* (y no, ⊗*alfalfa e hierba,* ⊗*atacan e hieren*).

• No es correcto usar la conjunción copulativa en la expresión ⊗*punto y final*. Debe decirse *punto final*.

Uso incorrecto	Uso correcto
La decisión fue acogida con satisfacción por la UE porque pone ⊗***punto y final*** *al largo contencioso.*	*(…) pone* ***punto final*** *al largo contencioso.*

4

Aspectos sintácticos

Guía práctica del español correcto

Instituto Cervantes

4 Aspectos sintácticos

4.1 Orden de palabras

■ A pesar de que el español es una lengua que permite una relativa libertad en la colocación de los elementos en función de los intereses expresivos de los hablantes, el orden en que pueden aparecer las palabras dentro de un enunciado está sometido a ciertas restricciones. Las más importantes son las que se enuncian a continuación:

- En el español general, el sujeto de las oraciones interrogativas se coloca tras el verbo:

  ¿Qué quieres tú?

  - Pero está admitida la anteposición en la norma culta de los países caribeños:

    ¿Qué tú quieres?

- En las oraciones de infinitivo con sujeto pronominal expreso, este debe colocarse tras el verbo:

Uso incorrecto	Uso correcto
*No me suena ⊗**yo haber llamado** a nadie.*	*No me suena **haber llamado yo** a nadie.*

- Como norma general, los complementos preposicionales del sustantivo deben aparecer pospuestos a este:

Uso incorrecto	Uso correcto
*Quiero ⊗**con azúcar** un té.*	*Quiero un té **con azúcar.***
*Leo a menudo ⊗**de poesía** libros.*	*Leo a menudo libros **de poesía.***

- Los adjetivos llamados relacionantes no admiten la anteposición:

Uso incorrecto	Uso correcto
*⊗la **municipal** policía.*	*la policía **municipal.***
*⊗la **eléctrica** compañía.*	*la compañía **eléctrica.***

- La colocación del verbo en posición final de la frase no es aceptable, salvo para conseguir determinados efectos estilísticos:

Uso incorrecto	Uso correcto
*⊗A las afueras de la ciudad una casa **hay.***	***Hay** una casa a las afueras de la ciudad.*

• No se pueden intercalar adverbios ni otros complementos entre las formas compuestas del verbo:

Uso incorrecto	Uso correcto
⊗*Había* ***varias veces*** *dicho que se retiraría.*	*Había dicho* ***varias veces...*** o ***Varias veces*** *había dicho...*

• El adverbio *más* debe posponerse a los pronombres *nadie, nada* y al adverbio *nunca* (▶ **3.5.** *más*).

• Para la ambigüedad que puede ocasionar el orden de las palabras en el enunciado ▶ **4.5.**

4.1.1 Colocación de los pronombres átonos respecto al verbo

■ Los pronombres pueden colocarse delante de la forma verbal (proclíticos) como palabras independientes o detrás de ella (enclíticos) formando una sola palabra con el verbo, pero han de ir siempre en bloque, es decir, no es posible anteponer unos y posponer otros. En el español actual, los pronombres átonos tienen una colocación diferente según la forma verbal con la que vayan:

• Con el infinitivo, el gerundio y el imperativo solo se admite la posposición, funcionando como pronombres enclíticos: *traerlo, visitándonos, decidme* (no ⊗*lo traer,* ⊗*me decid*).

• Con el resto de formas verbales solo se acepta la anteposición: *lo digo* (⊗no *dígolo*), *las trajeron* (no ⊗*trajéronlas*). Estos usos, habituales en textos de épocas pasadas, hoy se consideran arcaizantes.

• Estas normas se mantienen en caso de que el verbo sea una perífrasis:

Uso incorrecto	Uso correcto
⊗***Lo*** *hay que arreglar.*	*Hay que arreglar****lo****.*

■ Por otra parte, un verbo puede llevar hasta tres pronombres clíticos. Si hay dos pronombres y uno de ellos es de primera persona, las normas de cortesía imponen colocar este al final de la secuencia: *tú y yo* (no ⊗*yo y tú*), *él y yo* (no ⊗*yo y él*). Si los pronombres son de segunda y tercera persona, es indiferente el orden en que se coloquen: *él y tú* o *tú y él*. Cuando aparecen tres pronombres, el orden es: *se* + 2.ª pers. + 1.ª pers. + 3.ª pers.

Es una ingenua, que **se me lo** cree todo.

Cualquier día **se te los** llevará delante de tus narices.

■ Son muy vulgares, y por tanto no deben usarse, secuencias como ⊗*me se* o ⊗*te se:*

Uso incorrecto	Uso correcto
*No ⊗**me se** ocurre nada hoy.*	*No **se me** ocurre nada hoy.*

4.1.2 Duplicación del pronombre personal y el complemento

■ En español puede aparecer duplicado el complemento indirecto, con la forma plena y con el pronombre *(**les** dio las gracias **a los asistentes**)*. Sin embargo, el complemento directo sólo admite la duplicación en algunos casos:

- Cuando se ha desplazado de su posición posverbal al comienzo de la oración: ***los catálogos, los** he revisado.*
- Cuando el complemento directo es un pronombre: ***Lo** pregunta **todo.***

■ No se acepta la duplicación en casos como los siguientes:

- Si el complemento directo aparece tras el verbo, en su posición habitual:

Uso incorrecto	Uso correcto
⊗***Lo** he comprado el libro.*	*He comprado **el libro.***

- En oraciones de relativo, en las que el relativo realiza la función de complemento directo:

Uso incorrecto	Uso correcto
*Tengo un amigo **al que** quería ⊗**visitarlo** hace tiempo.*	*Tengo un amigo **al que** quería **visitar** hace tiempo.*

- Con adjetivos que llevan como complemento un infinitivo precedido de la preposición *de,* como *fácil, difícil, sencillo, cómodo, rápido, costoso, digno, raro, aburrido, divertido, gratificante,* etc.:

Uso incorrecto	Uso correcto
*El coche era cómodo de ⊗**manejarlo.***	*El coche era cómodo de **manejar.***

§ 4.2 Concordancia

■ Por concordancia se entiende la identidad de rasgos entre dos elementos de una oración. La **concordancia** puede ser de **género,** de **número** o de **persona.**

■ Entre el sustantivo y el adjetivo o los determinantes ha de darse concordancia de género y número (concordancia nominal):

Aquellas (fem. pl.) viejas (fem. pl.) historias (fem. pl.). Otros (masc. pl.) motivos (masc. pl.) distintos (masc. pl.).

■ En el ámbito de la oración, el núcleo del sujeto y el verbo han de concordar en persona y número (concordancia verbal):

Nosotros (1.ª p. pl.) hemos acabado (1.ª p. pl.).

El piso (3.ª p. sg.) de mis vecinos tiene (3.ª p. sg.) dos habitaciones.

■ Si la oración está en pasiva, también deben concordar en género el sujeto y el participio verbal:

La moción (3.ª p. sg. fem.) de censura ha sido presentada (3.ª p. sg. fem.).

■ Entre el sustantivo y el pronombre personal, así como entre dos pronombres con el mismo referente, debe haber concordancia de persona y, si el pronombre lo permite, también de género y número.

Nosotras (1.ª p. fem. pl.) mañana nos (1.ª p. fem. pl.) levantaremos temprano.

Ustedes (3.ª p. pl.) se (3.ª p. pl.) levantan temprano. (incorrecto: *Ustedes ⊗os levantáis temprano*).

Tú (2.ª p. sg.) no puedes dar más de ti (2.ª p. sg.). (incorrecto: *Tú no puedes dar más de ⊗sí*).

Nos (1.ª p.) ha costado lo nuestro (1.ª p.). (incorrecto: *Nos ha costado lo ⊗suyo*).

4.2.1 Concordancia entre el nombre y el adjetivo

■ Con los nombres epicenos (▶ **3.1.1a**), la concordancia debe hacerse en función del género de la palabra:

Uso incorrecto	Uso correcto
La** perdiz macho es ⊗**un** excelente **corredor.	***La** perdiz macho es **una** excelente **corredora.***
***La** víctima, un hombre joven, fue ⊗**trasladado** al hospital.*	***La** víctima, un hombre joven, fue **trasladada** al hospital.*

■ Los adjetivos referidos a varios sustantivos de diferente género van en plural y, si se posponen, la concordancia se establece en masculino.

Ella y él venían muy **cansados.**

• Pero si el adjetivo se antepone a los sustantivos, concuerda generalmente con el más próximo:

El público lo recibió con **entusiasta admiración** y aplauso.
Me admiraba su **tranquila osadía** y desparpajo.
Admiro **vuestro talento** y sabiduría.

• No es correcto colocar un solo determinante antepuesto en plural:

Uso incorrecto	Uso correcto
*El autor será quien deba tomar ⊗**sus propias** decisión y medidas.*	*(...) **su propia** decisión y sus medidas.*

■ En las construcciones partitivas, si ambos elementos tienen flexión de género, deben concordar:

Muchas de **nosotras** lo creemos.
Fue **una** de **las firmantes** del acuerdo.

Uso incorrecto	Uso correcto
*La propuesta fue presentada por ⊗**otra** de **los magistrados.***	*(...) por **otro** de **los magistrados,** (...) por **otra** de **las magistradas*** o, si solo hay una mujer, *por **la magistrada.***

■ En las secuencias *lo* + adjetivo + *que,* el adjetivo debe concordar en género y número con el sustantivo al que se refiere.

¡Hay que ver lo **pesada** que se pone **Eva**!

Uso incorrecto	Uso correcto
*Hago esta sugerencia por lo ⊗**perjudicial** que son las **pérdidas** de esta clase.*	*(...) por lo **perjudiciales** que son las **pérdidas** de esta clase.*

■ En 3.3. se tratan otros aspectos relacionados con la concordancia de los determinantes: la concordancia del artículo y los determinantes con los sustantivos femeninos que comienzan por *a-* o por *ha-* (▶ **3.3.1a**), la concordancia de género del numeral *un* y sus derivados (▶ **3.3.4a**), la concordancia de género y número de *cualquiera* y *cuanto* (▶ **3.3.5**) y la concordancia de plural de *quien* (▶ **3.3.7**).

4.2.2 Concordancia entre el pronombre y el nombre

■ El pronombre personal *le* debe concordar en número con el referente, por lo que no es correcto mantenerlo en singular si el referente está en plural o es múltiple:

Uso incorrecto	Uso correcto
⊗***Le** compramos ropa a los **hijos.***	***Les** compramos...*

*Francisco ⊗**le** escribe una carta **a Carlos y a Diana.***	*(…) **les** escribe…*
*Voy a ⊗**darle** una sorpresa **a mis amigas.***	*Voy a **darles…***

■ En algunos países hispanoamericanos se produce una falsa concordancia entre el pronombre y el complemento, de manera que se usa *los* en lugar de *lo* cuando el complemento indirecto es plural:

Uso incorrecto	Uso correcto
*A él nunca se lo dije, pero se ⊗**los** digo a ustedes: mi marido es un hombre genial.*	*(…) se **lo** digo a ustedes…*

4.2.3 Concordancia entre el sujeto y el verbo

■ Un caso particular de aparente falta de concordancia de persona entre el sujeto y el verbo es el que aparece cuando el hablante o el oyente se consideran incluidos en el grupo designado por el sujeto. Estos usos son correctos:

Los artistas **son** un colectivo muy peculiar.
Los artistas **sois** un colectivo muy peculiar.
Los artistas **somos** un colectivo muy peculiar.

■ Cuando el sujeto se compone de varios elementos coordinados, el verbo debe ir en plural si son entidades distintas:

Su mirada y su apostura nos cautivaron.

■ Pero se conserva en singular en los siguientes casos:

- Si los elementos coordinados se refieren a una misma entidad:

  El poeta y novelista presidió el acto.

- Si los elementos coordinados se consideran fases o componentes de un único proceso:

  La entrada y salida de mercancías origina una gran actividad.
  Nos desconcierta la subida y bajada de la bolsa.
  Este es un tema cuyo estudio y propuesta depende del Consejo.

- Si se trata de nombres no contables que van pospuestos al verbo:

  Me fastidia la arrogancia y el desdén (también es válido me fastidian…).

- Si los elementos coordinados son infinitivos, oraciones o pronombres neutros:

  A todos nos apetece salir de fiesta y divertirnos.
  Ni esto ni eso otro ha podido terminarse hoy.

■ Concordancia por el sentido o concordancia *ad sénsum*. Frente a la concordancia gramatical (▸ 4.2), a veces los hablantes hacen concordar el sujeto y el verbo no por razones gramaticales, sino por el significado de la secuencia. Los principales casos en los que se admite este tipo de concordancia son los siguientes:

• Si el sujeto está asociado a otro elemento con enlaces como *junto con, además de, así como, con:*

El portero, junto con otros dos jugadores, recibió/recibieron la copa.

Vino/Vinieron la madre con su hija.

• Si el núcleo del sujeto es un cuantificador seguido de la preposición *de* más un sustantivo en plural:

La mayoría de los visitantes había salido/habían salido.

• Si el sujeto es *uno de los que,* el uso vacila entre el singular y el plural, aunque se considera gramaticalmente más correcta la concordancia en plural, pues el sujeto es el relativo plural *los que/las que:*

Uno de los que lograron/logró llegar a la orilla.

• En las estructuras *yo soy el que, tú eres el que* más un verbo, la norma culta prefiere la concordancia en tercera persona de singular; el habla coloquial suele concordar con la primera o segunda persona de singular:

Yo soy el que manda/mando aquí.

• Si el sujeto es *nosotros* o *vosotros,* la concordancia se realiza en primera o segunda persona de plural, respectivamente:

Nosotros somos los que mandamos aquí.

Vosotras sois las que mejor preparadas estáis.

• En las estructuras del tipo *yo soy de los que,* el verbo de la oración de relativo debe ir preferentemente en tercera persona de plural, aunque también se acepta el singular (concordancia con una forma elidida *uno: yo soy [uno] de los que*).

USO ADMISIBLE	USO PREFERIBLE
*Yo soy de los que **piensa** que…*	*Yo soy de los que **piensan** que…*

• No se admite en estos casos que el verbo de la oración de relativo vaya en primera persona:

USO INCORRECTO	USO CORRECTO
*Yo soy de los que ⊗**pienso** que…*	*Yo soy de los que **piensan** que…*
*Yo soy de los que ⊗**creo** que…*	*Yo soy de los que **creen** que…*

■ En las oraciones construidas con el verbo *ser,* como norma general este debe concertar en número y persona tanto con el sujeto como con el atributo. Se llama **atributo** al complemento obligatorio de los verbos copulativos (ser [de algún modo/algo], estar [de algún modo], parecer [algo]) y semicopulativos (llamar [algo] a alguien; nombrar [algo] a alguien]).

■ No obstante, no se mantiene la concordancia de persona en estos casos:

- Si hay un pronombre personal de primera o segunda persona y un atributo de tercera, el verbo debe concordar con el pronombre:

El culpable soy yo.

Mi preocupación eres tú.

- Si el sujeto y el atributo difieren en número, lo normal es establecer la concordancia en plural:

Mi infancia son recuerdos de un patio de Sevilla.

■ Algunas estructuras frecuentes en la lengua tienden a considerarse invariables, pero si el sujeto es plural, el verbo debe concordar en número. Algunos ejemplos de este tipo son:

- Las fórmulas *sea cual sea, sea cual fuere* y similares deben concordar con el sustantivo que sigue, que es el sujeto de *sea* y de *fuere:*

Sea cual sea el resultado pero Sean cuales sean las razones.

Uso incorrecto	Uso correcto
*(…) un profesional pues tiene que echar el resto, ⊗**sea cual fuera** las circunstancias.*	*(…) **sean cuales fueran** las circunstancias.*
*En las sociedades más civilizadas los seres humanos, ⊗**sea cual sea** su sexo, raza, condición o trabajo, se consideran equivalentes.*	*(…) **sean cuales sean** su raza…*
*Javier Solana dejó claro que el terrorismo, ⊗**sea cual sea** su origen y sus objetivos, debe condenarse sin ningún género de dudas…*	*(…) **sean cuales sean** su origen y sus objetivos…*

- En las construcciones *es preciso, es necesario, es conveniente* y similares, el adjetivo hace el oficio de atributo, por lo que ha de concordar con el sujeto de la oración:

Es preciso el esfuerzo.

Son precisas nuevas aportaciones
(y no ⊗*es preciso nuevas aportaciones*).

- Tampoco es una fórmula invariable *quedar por* o *quedar que* más infinitivo para el significado de 'no haber recibido aún' la acción expresada por el infinitivo. Son oraciones que tienen sujeto, —normalmente el sustantivo que aparece delante—, con el que debe mantener concordancia el verbo *quedar*.

Uso incorrecto	Uso correcto
*¿Qué países te ⊗**queda** que conocer?*	*¿Qué países te **quedan** que conocer?*
*A estos Presupuestos para el próximo año le ⊗**queda** por perfilar bastantes detalles relativos a los capítulos de gastos.*	*A estos presupuestos les **quedan** por perfilar bastantes detalles…*

- En las exclamaciones *¡Viva!* o *¡Muera!* seguidas de un grupo nominal, el sustantivo pospuesto es el sujeto del verbo respectivo, por lo que han de concordar en número y persona:

¡Viva la novia!

¡Vivan los novios! (y no ⊗*¡viva los novios!*).

- En las fórmulas introductorias de cuentos, como *Érase una vez* y similares, el grupo nominal que se enuncia a continuación es el sujeto de *era;* si el sustantivo está en plural o es múltiple, lo aconsejable es que se establezca la concordancia. No obstante, dado su carácter de fórmula estereotipada, se admite también su uso invariable:

Érase una vez un rey.

Éranse una vez unos músicos.

Éranse una vez una zorra y una cigüeña.

Uso admisible	Uso preferible
*Esto **era** una vez dos hermanos.*	*Esto **eran** una vez dos hermanos.*

4.2.4 La concordancia en las oraciones impersonales

■ Las oraciones impersonales carecen de sujeto, por lo que el verbo debe usarse **únicamente** en tercera persona de singular:

Uso incorrecto	Uso correcto
*En hacer el trabajo se ⊗**tardan** tres horas.*	*(…) se **tarda** tres horas.*
*A este siglo codicioso no le ⊗**bastan** con cien años.*	*(…) no le **basta** con cien años…*

■ De igual modo, las oraciones impersonales con *se,* o impersonales reflejas, carecen de sujeto y es un error concordar el verbo en plural con el complemento directo:

Uso incorrecto	Uso correcto
*Se ⊗**detuvieron** a los atracadores.*	*Se **detuvo** a los atracadores.*
*Se ⊗**han** elegido a los delegados.*	*Se **ha** elegido a los delegados.*

- Hay que distinguir las oraciones impersonales con *se* de las pasivas reflejas con *se.* Estas últimas sí llevan sujeto, por lo que el verbo debe concordar en número y persona:

Uso incorrecto	Uso correcto
*Se ⊗**vende** pisos.*	*Se **venden** pisos.*
*Se ⊗**arregla** zapatos.*	*Se **arreglan** zapatos.*

■ El verbo *haber,* usado como verbo no auxiliar, es impersonal *(Hay un pájaro en la azotea; Había revistas de moda)* y, en consecuencia, el sustantivo pospuesto desempeña la función de complemento directo (*lo hay, las había*), no la de sujeto. Es erróneo hacer concordar el verbo en tercera persona del plural con el sustantivo pospuesto (▶ 3.4.3):

Uso incorrecto	Uso correcto
⊗***Hubieron*** *muchos factores que dificultaron la realización del proyecto.*	***Hubo*** *muchos factores…*
Entre los premiados ⊗***habían*** *dos niñas.*	*(…)* ***había*** *dos niñas.*

• Es también erróneo el plural cuando *haber* forma parte de una perífrasis:

Uso incorrecto	Uso correcto
Dice el ministro que ⊗***van*** *a haber reuniones con diferentes cancilleres.*	*Dice el ministro que* ⊗***va*** *a haber reuniones…*

■ El verbo *hacer,* cuando se usa como impersonal, no lleva sujeto, por lo que debe usarse en tercera persona de singular (▶ 3.4.3):

Uso incorrecto	Uso correcto
⊗***Hacen*** *varios años del accidente.*	***Hace*** *varios años…*
(…) el hecho de que las explicaciones típicas de la Psicología Popular sigan siendo hoy las mismas que fueron ⊗***hacen*** *dos mil años.*	*(…) sigan siendo hoy las mismas que fueron* ***hace*** *dos mil años.*

§ 4.3 Errores en el régimen sintáctico

4.3.1 Dequeísmo y queísmo

■ Son dos fenómenos bastante extendidos en el habla que tienen que ver con la adición u omisión indebidas de la preposición. De ellos está más extendido el queísmo, presente incluso en el habla culta, mientras que el dequeísmo se considera más vulgar.

■ Se denomina **dequeísmo** el fenómeno sintáctico que consiste en añadir innecesariamente la preposición *de* ante la conjunción *que* cuando no está exigida ni por el verbo ni por ninguna otra palabra del enunciado. Se produce dequeísmo cuando aparece *de* ante oraciones de sujeto, complemento directo o atributo, al añadir la preposición a locuciones conjuntivas o al usar *de* en lugar de la preposición que corresponde al régimen del verbo.

■ Para evitar esta incorrección conviene tener presente lo siguiente:

• El sujeto y el atributo de una oración no comienzan nunca por preposición, por lo que no se debe empezar con *de* una oración que cumpla esas funciones sintácticas.

• [algo] *gusta* [a alguien]:

Uso incorrecto	Uso correcto
*Me gusta ⊗**de que** me regalen libros.*	*Me gusta **que** me regalen libros.*

• [algo] *apetece* [a alguien]:

Uso incorrecto	Uso correcto
*Nos apetece ⊗**de que** vengas a la fiesta.*	*Nos apetece **que** vengas a la fiesta.*

• [algo] *preocupa:*

Uso incorrecto	Uso correcto
*Le preocupaba ⊗**de que** llegásemos tarde.*	*Le preocupaba **que** llegásemos tarde.*

• [algo] *es posible:*

Uso incorrecto	Uso correcto
*Es posible ⊗**de que** suba la gasolina.*	*Es posible **que** suba la gasolina.*

• [algo] *es necesario:*

Uso incorrecto	Uso correcto
*Es necesario ⊗**de que** te gradúes la vista.*	*Es necesario **que** te gradúes la vista.*

• [algo] *es* [algo/de algún modo]:

Uso incorrecto	Uso correcto
*Mi deseo es ⊗**de que** alcance sus metas.*	*Mi deseo es **que** alcance sus metas.*

• [algo] *es seguro:*

Uso incorrecto	Uso correcto
*Si me las hubieran planteado a mí, (…) es seguro ⊗**de que** me hubieran preocupado muy seriamente.*	*(…) es seguro **que** me hubieran preocupado…*

• [algo] *alegra* [a alguien]:

Uso incorrecto	Uso correcto
*La gente de San Diego lo merece, así que me alegra ⊗**de que** vaya a recibir la oportunidad de hacerlo allí.*	*(…) me alegra **que** vaya a recibir la oportunidad de hacerlo allí.*

• El complemento directo no lleva preposición, salvo que sea de persona, por lo que es incorrecto iniciar con *de* una oración subordinada que cumpla esta función sintáctica.

- [alguien] *dice* [algo]:

Uso incorrecto	Uso correcto
Dijo ⊗***de que*** *llegaría tarde.*	*Dijo* ***que*** *llegaría tarde.*

- [alguien] *cree* [algo]:

Uso incorrecto	Uso correcto
Creo ⊗***de que*** *esta situación está a punto de resolverse.*	*Creo* ***que*** *esta situación está a punto de resolverse.*

- [alguien] *teme* [algo]:

Uso incorrecto	Uso correcto
La chica temía ⊗***de que*** *no hubiese escuchado el mensaje.*	*La chica temía* ***que*** *no hubiese escuchado el mensaje.*

- [alguien] *piensa* [algo]:

Uso incorrecto	Uso correcto
A pesar de que pienso ⊗***de que*** *todos los peruanos que vivimos en el extranjero somos embajadores del Perú…*	*A pesar de que pienso* ***que*** *todos los peruanos…*

- [alguien] *oye* [algo]:

Uso incorrecto	Uso correcto
He oído ⊗***de que*** *van a derribar el edificio.*	*He oído* ***que*** *van a derribar el edificio.*

- Es un uso dequeísta insertar la preposición *de* ante *que* en locuciones conjuntivas como las siguientes: *a no ser que, a medida que, una vez que,* etc.

Uso incorrecto	Uso correcto
Los Clinton nunca han desaprovechado oportunidad de ensalzar la figura de los Kennedy, a pesar de que a medida ⊗***de que*** *pasa el tiempo se desinfla la posible comparación.*	*(…) a medida* ***que*** *pasa el tiempo…*

- También se produce dequeísmo cuando se usa la preposición *de* en lugar de la que realmente exige el verbo:

Uso incorrecto	Uso correcto
Confiaba ⊗***de que*** *pudiera recibirnos.*	*Confiaba* ***en que*** *pudiera recibirnos.*
No pensó ⊗***de que*** *podría hacer daño.*	*No pensó* ***en que*** *podría hacer daño.*

■ El **queísmo** consiste en la supresión indebida de una preposición —generalmente *de*—, delante de la conjunción *que,* cuando la preposición viene exigida por el verbo de la oración o por alguna otra palabra del enunciado.

■ Se produce queísmo al eliminar la preposición en los siguientes casos:

• La preposición que corresponde al complemento de régimen del verbo: *olvidarse de algo, acordarse de algo, preocuparse de algo, alegrarse de algo, fijarse en algo, arrepentirse de algo, convencer de algo, insistir en algo, vanagloriarse de algo, jactarse de algo, asegurarse de algo, percatarse de algo, desengañarse de algo, aburrirse de algo, enterarse de algo,* etc.

Uso incorrecto	Uso correcto
Una amiga iba caminando y no se fijó ⊗***que*** *frente a ella estaba una punta peligrosa de unas gradas .*	*(…) y no se fijó* ***en que*** *frente a ella estaba una punta…*
Sobre el mercado andino insistió ⊗***que*** *es necesario que se integre de manera más decisiva para lograr una homogeneidad.*	*(…) insistió* ***en que*** *es necesario que se integre…*
Andaba Joaquín Peiró preocupado por frenar el poderío aéreo del Athletic y se olvidó ⊗***que*** *los leones tampoco lo hacen nada mal.*	*(…) se olvidó* ***de que*** *los leones tampoco lo hacen nada mal.*
El Ministerio Público insistió ⊗***que*** *la apertura está en manos del Consejo Nacional para la Cultura y el Arte.*	*(…) insistió* ***en que*** *la apertura…*
El vocal de la Corte, Jorge Lazarte, informó ⊗***que*** *se realizan las investigaciones del caso para inhabilitarlo.*	*(…) informó* ***de que*** *se realizan las investigaciones…*

• La preposición que corresponde al complemento del sustantivo, en casos como *tener ganas de algo, tener la impresión de algo, con la condición de algo, tener la certeza de algo, tener miedo de algo, tener la convicción de algo,* etc., o al sustantivo que forma parte de las locuciones verbales *tener dudas de algo, no haber duda de algo, darse cuenta de algo, caer en la cuenta de algo,* etc.

Uso incorrecto	Uso correcto
Tenemos la esperanza ⊗***que*** *después de más de cuatro siglos de fundación de la UASD…*	*Tenemos la esperanza* ***de que…***
Y se encuentra adaptado al frío y está con muchas ganas ⊗***que*** *inicie la pelea.*	*(…) con muchas ganas* ***de que*** *inicie la pelea.*
Tengo mis dudas ⊗***que*** *unas elecciones anticipadas puedan realmente operar un cambio en la problemática actual española.*	*Tengo mis dudas* ***de que*** *unas elecciones…*

• La preposición que requieren algunos adjetivos, como *seguro de algo, convencido de algo,* etc.

Uso incorrecto	Uso correcto
Cada uno está convencido ⊗***que*** *su método será el más rápido para finalizar el acuerdo.*	*(…) está convencido* ***de que*** *su método…*
Por eso estoy seguro ⊗***que*** *en este caso también habrá una solución.*	*Por eso estoy seguro* ***de que…***

• La preposición que forma parte de algunas locuciones conjuntivas, como *a pesar de que, a fin de que, a condición de que, en caso de que, a causa de que, en vista de que, por razón de que, a cambio de que, a expensas de que, a propósito de que, en virtud de que*, etc.

Uso incorrecto	Uso correcto
*(...) para inhabilitarlo en caso ⊗**que** se compruebe que su nacionalidad es suiza, tal cual reza en su carnet de identidad.*	*(...) en caso **de que** se compruebe...*

■ Las **causas** de la confusión dequeísta y queísta son diversas, pero entre las de origen gramatical hay que citar las siguientes:

• Algunos verbos admiten doble régimen, con *de* y sin preposición. Se puede *dudar* [algo] o *dudar* [*de* algo], *advertir* [algo] o *advertir* [*de* algo], *avisar* [algo] o *avisar* [*de* algo], *informar* [algo] o *informar* [*de* algo][2]:

Dudo **que** venga y Dudo **de que** venga.
Te advierto **que** no bromeo y Te advierto **de que** no bromeo.
Nos avisaron **que** se suspendía la función y Nos avisaron **de que** se suspendía la función.

• También tienen la opción de aparecer con *de* o sin ella algunas locuciones conjuntivas, como *antes que* y *antes de que, después que* y *después de que, con tal que* y *con tal de que:*

Uso admisible	Uso preferible
*Antes **que** te vayas, hazme un favor.*	*Antes **de que** te vayas, hazme un favor.*
*No me importa que me paguen menos, con tal **que** me dejen libres los fines de semana.*	*(...) con tal **de que** me dejen libres los fines de semana.*

• Algunos verbos tienen un régimen sintáctico diferente según sean o no pronominales (▶ 3.4.2):

- [algo] *preocupa* [a alguien], pero [alguien] *se preocupa* [de algo].
- [algo] *alegra* [a alguien], pero [alguien] *se alegra* [*de* algo].
- [alguien] *lamenta* [algo], [alguien] *se lamenta* [de algo].
- [alguien] *olvida* [algo], pero [alguien] *se olvida* [de algo]:

Me preocupa **que** esté bien, pero Me preocupo **de que** esté bien.
Me alegra **que** te hayas decidido a venir, pero Me alegro **de que** te hayas decidido a venir.

[2] El *DPD*, s.v. dequeísmo, incluye también el verbo *cuidar* en este grupo, pero este verbo tiene doble régimen cuando el complemento es un sintagma nominal *(cuida la casa, cuida de la casa);* cuando el complemento es una oración, debe llevar necesariamente *de: cuida de que te vean (⊗cuida que te vean)* (así lo registra s.v. *cuidar*).

• A algunos verbos de significado muy similar les corresponden esquemas diferentes: *recordar* [algo], pero *acordarse* [*de* algo]:

Recuerdo **que** tenía un caballo de cartón, pero Me acuerdo **de que** tenía un caballo de cartón.

• Algunos verbos con los que se suele producir dequeísmo equivalen a otras expresiones complejas que deben llevar *de* obligatoriamente:

- [algo] *es seguro* y también [alguien] *está seguro* [de algo].
- [alguien] *opina* [que algo es de algún modo] y también [alguien] *es de la opinión* [de que algo es de algún modo].
- [alguien] *pretende* [que ocurra algo] y también [alguien] *tiene la intención* [de que algo ocurra].

PARA AYUDARTE. Para determinar si se debe usar *de que* o simplemente *que*, basta con formular el enunciado que causa duda como una pregunta. Si la pregunta debe ir introducida por *de*, la preposición es necesaria; en caso contrario, hay que suprimirla:

- **¿*Qué* me gusta? → Me gusta *que*... (y no de que).**
- **¿*Qué* opina? → Opina *que*... (y no de que).**
- **¿*Qué* es necesario? → Es necesario *que*... (y no de que).**
- **¿*De qué* estoy convencido? → Estoy convencido *de que*... (y no que).**
- **¿*De qué* tiene intención? → Tiene intención *de que*... (y no que).**
- **¿*En qué* confío? → Confío *en que*... (y no de que).**

4.3.2 Las construcciones *deber* + infinitivo y *deber de* + infinitivo

■ La norma señala que *deber* + infinitivo denota **obligación** y *deber de* + infinitivo denota **probabilidad, incertidumbre** o **duda:**

Para participar en el sorteo, debe rellenar este cuestionario (= es necesario rellenar el cuestionario).

Deben de ser las seis, porque está oscuro. (= es probable que sean las seis).

■ Es obligatoria la presencia de la preposición en caso de posible ambigüedad:

• *Debe estar trabajando,* es forma obligada para el significado de 'tiene la obligación de estar trabajando'.

• *Debe de estar trabajando,* es forma obligada para expresar la incertidumbre del hablante sobre si está trabajando o no.

• No obstante, la lengua culta permite utilizar la forma sin preposición para expresar la probabilidad o suposición cuando el contexto resulta suficientemente explícito, pero no es aceptable añadir la preposición para expresar obligación:

Si no me equivoco, ya debe haber pasado el tranvía (aceptable, pues no hay posibilidad de confusión).

Uso incorrecto	Uso correcto
*Siempre debe ⊗**de** haber un respeto con todos los compañeros.*	*Siempre **debe haber** respeto a todos…*
*El lenguaje de los gestos debe ⊗**de** ser amable, evitando señalar con el dedo índice o amenazar con el puño cerrado.*	*El lenguaje de los gestos **debe ser** amable…*

4.3.3 Otros errores en el régimen sintáctico

■ Además de lo ya señalado en el apartado relativo al régimen verbal (▶ 3.4.3) y a las preposiciones (▶ 3.6), algunos errores de construcción sintáctica se deben a una sustitución indebida de la preposición regida por el verbo, el sustantivo, el adjetivo o el adverbio:

Uso incorrecto	Uso correcto
*atentado ⊗**a** alguien o algo.*	*atentado **contra** alguien o algo.*
*atentar ⊗**a** algo.*	*atentar **contra** algo.*
*colaborar ⊗**a** algo.*	*colaborar **en** algo.*
*en aras ⊗**a**.*	*en aras **de**.*
*⊗en relación **a**.*	*en relación **con*** o *con relación **a**.*
*estar ⊗**a** la cola de algo.*	*estar **en** la cola de algo.*
*hacer mención ⊗**a** algo.*	*hacer mención **de** algo.*
*hacer bien o mal ⊗**de** decir algo.*	*hacer bien o mal **en** decir algo.*
*idóneo ⊗**a** algo.*	*idóneo **para** algo.*
ir ⊗a la cola de algo.	*ir **en** la cola de algo.*
*medirse ⊗**a** alguien.*	*medirse **con** alguien.*
*montar ⊗**al** avión.*	*montar **en** el avión.*
*poner algo ⊗**al** medio.*	*poner algo **en** el medio.*
*suspensión ⊗**a** las cuatro ruedas.*	*suspensión **en** las cuatro ruedas.*
*susceptible ⊗**a**.*	*susceptible **de**.*
*temer ⊗ **a** algo.*	*temer algo.*
*vencer ⊗**a** los puntos.*	*vencer **por** puntos.*

§ 4.4 Errores en el uso de los tiempos verbales

4.4.1 Usos incorrectos del condicional

■ No es correcto usar el condicional en la prótasis (parte en la que está la conjunción «si») de las oraciones condicionales:

USO INCORRECTO	USO CORRECTO
Si ⊗***tendría*** *dinero, te lo daría.*	*Si* ***tuviera*** *dinero, te lo daría.*

■ Tampoco es aceptable el llamado «condicional de rumor», usado en periodismo para presentar noticias no plenamente confirmadas y, en ocasiones, usado como estrategia pragmática para no comprometerse con lo enunciado:

USO INCORRECTO	USO CORRECTO
En las manifestaciones ⊗ ***habrían participado*** *más de ochenta mil personas.*	*En las manifestaciones* ***han participado*** *más de...* o bien, ***Se calcula que*** *en las manifestaciones participaron más de...*
Uno de los detenidos ⊗ ***sería*** *miembro de ETA.*	***Se cree que*** *uno de los detenidos es miembro de ETA.*

PARA SABER MÁS

▸ La pragmática estudia la influencia del contexto en la interpretación de los enunciados, es decir, cómo se interpretan los enunciados en función de la situación comunicativa, las relaciones entre los hablantes, el conocimiento compartido que posean, las creencias y presuposiciones, etc.

4.4.2 Usos incorrectos de las formas de subjuntivo

■ Quizá por influencia del inglés, el subjuntivo está siendo desplazado por el indicativo. No obstante, hay que recordar que en español el subjuntivo es obligatorio en determinadas estructuras oracionales:

USO INCORRECTO	USO CORRECTO
No puedo creer que ⊗ ***es*** *verdad.*	*No puedo creer que* ***sea*** *verdad.*

■ El imperfecto de subjuntivo tiene dos terminaciones, una en *-ra, cantara,* y otra en *-se, cantase.* Pero estas formas no son intercambiables siempre. Con los verbos *querer, poder* y *deber,* el imperfecto en *-ra* alterna con el condicional *(cantaría)* para expresar modestia, cortesía, probabilidad, para dar consejos o para sugerir algo. No es posible en estos casos la forma con *-se:*

USO INCORRECTO	USO CORRECTO
No ⊗***quisiese*** *ser inoportuno.*	*No* ***quisiera/querría*** *ser inoportuno.*
⊗***Pudieses*** *tener razón.*	***Pudieras/podrías*** *tener razón.*
⊗***Debieses*** *tener más cuidado.*	***Debieras/deberías*** *tener más cuidado.*

■ A pesar de que es un uso generalizado en el lenguaje periodístico, no se considera correcto el imperfecto de subjuntivo en *-ra* con valor de pretérito perfecto simple o pretérito pluscuamperfecto o el pretérito anterior de indicativo:

Uso incorrecto	Uso correcto
*Adelaida García Morales, conocida por el gran público gracias a su primer relato, El Sur, que, más tarde llevaría al cine el que ⊗**fuera** su esposo, Víctor Erice*	*(...) el que **fue** su esposo...* o, si se quiere, *(...) su ex esposo.*
*Estuvo por aquí su director, José Luis García Sánchez, afamado director de cine y teatro, que ya ⊗**dirigiera** en el 87 la película «Divinas palabras».*	*(...) que ya **había dirigido** en el 87 la película «Divinas palabras».*

■ Se considera arcaizante el uso del imperfecto de subjuntivo en la apódosis (parte en la que no está la conjunción «si») de las oraciones condicionales:

Uso incorrecto	Uso correcto
*Si me lo pidieras, te lo ⊗ **prestara.***	*Si me lo pidieras, te lo **prestaría.***

4.4.3 Usos incorrectos del infinitivo

■ Una oración bien formada necesita la presencia de un verbo en forma personal, por lo que no es correcto usar el infinitivo como verbo principal. Es un uso indebido que se produce especialmente en lenguaje periodístico:

Uso incorrecto	Uso correcto
*Y ya por último ⊗ **decir** que, lo mismo que en las cuencas del Macizo ibérico, el drenaje no se ha completado.*	*Y ya por último, **hay que decir** que...*

■ Salvo en las instrucciones de carácter general *(Seleccionar el botón derecho)* y en las órdenes negativas *(No fumar)*, es incorrecto emplear el infinitivo en lugar del imperativo:

Uso incorrecto	Uso correcto
⊗***Poneros** el abrigo, niños.*	***Poneos** el abrigo, niños* (o ***Pónganse** el abrigo, niños,* en las regiones en las que no se usa *vosotros*).

■ Para el empleo de *a* + infinitivo como complemento del sustantivo ▸ **3.6**.

4.4.4 Usos incorrectos del gerundio

■ Es incorrecto el uso del gerundio en lugar de una oración adjetiva especificativa. Tampoco es aceptable el gerundio con valor de adjetivo especificativo, excepto en las construcciones *agua hirviendo* y *clavo ardiendo*.

Uso incorrecto	Uso correcto
*El 9 de julio de 1824 apareció un decreto ⊗ **conteniendo** «una verdadera reorganización de la imprenta del Estado».*	*(...) un decreto **que contenía...***

*Previamente recibieron la llamada del subsecretario de Gobierno, Sebastián Valdiviezo, ⊗**pidiendo** información.*	*(…) **que pedía** información.*

■ La acción expresada por el gerundio debe ser anterior a la denotada por el verbo principal *(Ahorrando, he logrado comprarme un piso)* o simultánea *(Se marchó gritando)*. No se considera correcto emplear el gerundio para expresar acciones posteriores a la expresada por el verbo principal:

Uso incorrecto	Uso correcto
*Diez años sufrió la enfermedad, ⊗**muriendo** a la edad de 33 años en 1907.*	*(…) y **murió** a la edad de 33 años en 1907.*

■ No es correcto usar el gerundio con valor concesivo, equivalente a una oración con *aunque, a pesar de que,* etc.:

Uso incorrecto	Uso correcto
⊗***Contando** con abrumador favoritismo el invicto Di Caprio sólo logró finalizar 4.º.*	***A pesar de partir como favorito,** el invicto Di Caprio solo logró finalizar 4.º.*

■ En general, no es elegante abusar del gerundio en la lengua escrita.

■ Para el uso de ⊗*no siendo que* ▸ **3.7**.

4.4.5 Usos incorrectos del imperativo

■ En los mandatos negativos, solo son aceptables las formas de subjuntivo *(no fumen, no fuméis)* o el infinitivo *(no fumar)* si es una orden de carácter general **(▸ 4.4.3)**. No se debe emplear el adverbio de negación con las formas de imperativo:

Uso incorrecto	Uso correcto
⊗*No **jugad.***	*No **juguéis*** (o *no **jueguen,*** en las regiones donde no hay *vosotros*).

■ Es incorrecto anteponer los pronombres átonos a las formas de imperativo **(▸ 4.1.1)**.

4.4.6 Usos incorrectos en la correlación de los tiempos

■ Los tiempos verbales de las oraciones que forman una oración compuesta han de guardar correlación temporal: *No creo que Juan beba; No creí que Juan bebiera.*

Uso incorrecto	Uso correcto
*Habían decidido que era mejor que no se ⊗**sepa** lo que estaba pasando.*	*(…) que era mejor que no se **supiera…***

4.5 La ambigüedad debida a la construcción sintáctica

■ Se denomina **ambigüedad** o anfibología al fenómeno que se produce cuando un enunciado puede interpretarse de dos o más formas. La ambigüedad puede ser de **origen léxico,** es decir, producida por la presencia de una palabra que tiene varios significados *(El banco es nuevo; Doy clases de inglés)*, o de **origen gramatical,** es decir, causada por la disposición de los elementos de la frase. Esta segunda es más frecuente y, a menudo, pasa inadvertida, por lo que conviene estar más alerta ante ella. La ambigüedad puede estar ocasionada por diferentes factores:

- Ambigüedad debida a la ordenación de los complementos:

  Prometió pagarme ayer (¿ayer hizo la promesa o el pago debió haber sido ayer?).

  Quiero comprar una casa que tiene un gran jardín en Tomelloso (¿el jardín está en Tomelloso? ¿O es la casa?).

  El deportista declaró que no había ingerido sustancias prohibidas repetidamente (¿lo declaró repetidamente?, ¿no las había ingerido?, ¿no las había ingerido repetidamente?, ¿o acaso es que no había ingerido las que habían sido prohibidas repetidamente?).

- Ambigüedad debida al empleo de determinantes y pronombres cuando pueden referirse a dos o más antecedentes. Se encuentran en este caso:

  - Los determinantes posesivos *su* y *sus:*

    Aviso a los clientes: este establecimiento para **su** tranquilidad utiliza productos de alto poder desinfectante (¿la tranquilidad del cliente o la del establecimiento?).

    El juez condenó al acusado por estafar a **su** hermana (¿la hermana del acusado o la del juez?).

    María fue al cine con Lucía y **su** marido (¿de quién es marido?).

    Juan le dijo a María que trajera **sus** papeles (¿los de él o los de ella?).

  - Los pronombres personales de tercera persona:

    Elena vio a su vecina con el marido y aprovechó para dar**le** un recado (¿a quién le dio el recado?).

  - El pronombre relativo *que:*

    He regalado una muñeca a una niña **que** llora (¿quién llora, la muñeca o la niña?).

    En el concierto encontré a Juan, **que** estuvo animadísimo. (¿estuvo animadísimo Juan o el concierto?).

Ana vio a Teresa con su marido, **que la** insultó (¿quién insultó: Ana, Teresa o el marido?, ¿de quién era el marido: de Ana o de Teresa?, ¿y quién fue la insultada?).

- El relativo *cuyo:*

Aquí tienes el retrato de la reina, **cuya** historia ya conoces. (¿la historia de la reina o la del retrato?).

- El gerundio:

Andrés vio a Pedro cortando el seto (¿quién cortaba el seto?).

Me encontré con Ana saliendo del cine (¿quién salía?).

• Ambigüedad originada por una puntuación deficiente o por indebida acentuación.

Lo haré como había prometido (= lo haré de la manera que había prometido hacerlo).

Lo haré, como había prometido (= había prometido hacerlo y lo cumpliré).

He encontrado un restaurante; luego comeremos (= comeremos más tarde).

He encontrado un restaurante: luego, comeremos (= puesto que lo he encontrado, podremos comer).

María Luisa y Marta viajan siempre juntas.

María, Luisa y Marta viajan siempre juntas.

Los detenidos que tienen antecedentes irán a la cárcel (= solo irán a la cárcel los que tienen antecedentes).

Los detenidos, que tienen antecedentes, irán a la cárcel (= irán todos a la cárcel, pues todos tienen antecedentes).

Estuve solo en Managua (= no me acompañó nadie).

Estuve sólo en Managua (= estuve únicamente en esa ciudad).

¡DE RISA!

- ÉL: Tu padre me tiene por medio tonto.
- ELLA: No hagas caso. Es que solo te conoce a medias.

TELEGRAMA

- Se cuenta que, cuando Eva Perón visitó España, a finales de los cuarenta, recibió el siguiente telegrama: *Evita besos y abrazos.* Quién se lo envió y qué quiso decir exactamente resulta un misterio.

ANUNCIOS BREVES

- ⊗ Se venden medias para señora de seda.
- ⊗ Pañales para niños desechables.

- ⊗Se ofrece habitación para estudiantes de diez metros cuadrados.
- ⊗Piscinas de plástico para niños con tapón de seguridad.
- ⊗Se venden sillas y se ponen culos a las viejas.
- ⊗Se vende perro. Come de todo. Le gustan mucho los niños.
- ⊗Coches de segunda mano: ¿Vas a ir a cualquier otro lugar en el que te engañen? ¡Ven a nosotros primero!
- ⊗Extraviada perrita de mi hija. Se llama Cuqui. Se recompensará.
- ⊗Se busca dependiente para almacén y tienda. La mitad en almacén y la mitad en tienda.
- ⊗Empresa busca responsable de ventas. Inútil sin experiencia.

AVISOS EN LAS HOJAS PARROQUIALES

- ⊗Estimadas señoras, ¡no se olviden de la venta de beneficencia! Es una buena ocasión para librarse de las cosas inútiles que estorban en casa. Traigan a sus maridos.
- ⊗Tema de la catequesis de hoy: «Jesús camina sobre las aguas». Catequesis de mañana: «En búsqueda de Jesús».
- ⊗El coro de los mayores de sesenta años se suspenderá durante todo el verano, con agradecimiento por parte de toda la parroquia.
- ⊗El próximo martes habrá cena a base de judías en el salón parroquial. A continuación tendrá lugar un concierto.

§ 4.6 Otros solecismos

4.6.1 Anacolutos

■ El **anacoluto,** que etimológicamente significa 'que no sigue el camino, inconsecuente', consiste en una **ruptura de la estructura oracional** que se produce como consecuencia de mezclar dos construcciones sintácticas. El resultado del anacoluto es que una parte del enunciado carece de función dentro de la oración formada. Veamos un caso:

⊗La vecina del tercero, la que vive enfrente de mi suegro, su marido ha tenido un accidente.

■ El hablante comienza la oración *la vecina del tercero,* que teóricamente será el sujeto de la oración que se ha de formar, pero luego cambia la idea inicial y coloca otro sujeto *su marido,* con lo que *la vecina del tercero* acaba careciendo de función. Una forma de corregir la anterior ruptura podría ser:

El marido de la vecina del tercero, la que vive enfrente de mi suegro, ha tenido un accidente.

4.6

■ El anacoluto es un fenómeno muy frecuente en la lengua hablada, debido a la inmediatez del discurso oral, pero debe evitarse en la lengua escrita. Producen anacolutos los usos siguientes:

- Los verbos que expresan preferencias o gustos personales, del tipo *me gusta, me apetece, me interesa, me agrada,* etc., cuando llevan el *yo* antepuesto:

Uso incorrecto	Uso correcto
⊗***Yo lo que me interesa*** *ahora sobre todo es la situación económica.*	***A mí lo que me interesa*** *ahora sobre todo es la situación económica.*
⊗***Yo*** *por las mañanas* ***lo que me gusta*** *es levantarme con música.*	*A mí por las mañanas* ***lo que me gusta*** *es levantarme con música.*
Una cosa que ⊗***yo nunca me ha pasado…***	*Una cosa que* ***a mí nunca me ha pasado…***

- Las definiciones en las que se utiliza la estructura *es cuando, es donde* sin valor temporal o locativo:

Uso incorrecto	Uso correcto
El hipérbaton ⊗***es cuando*** *se cambia el orden sintáctico de la frase.*	*El hipérbaton* ***se produce cuando…*** o bien, *El hipérbaton es el fenómeno que* ***se produce cuando…***
El principio de Arquímedes ⊗***es donde*** *un objeto introducido en un líquido desplaza su volumen.*	*El principio de Arquímedes* ***señala que*** *un objeto…*

- La coordinación de verbos, adjetivos o sustantivos que tienen régimen preposicional distinto:

Uso incorrecto	Uso correcto
Manifestó su ⊗***adhesión y compromiso con*** *las ideas expuestas.*	*Manifestó su* ***adhesión a*** *las ideas expuestas y su* ***compromiso con*** *ellas.*
Declaró que ⊗***ni era partidario ni pertenecía a*** *la organización.*	*Declaró que* ***ni era partidario de*** *la organización* ***ni pertenecía a*** *ella.*
Han revisado el proyecto ⊗***alusivo y relacionado con*** *el medio ambiente.*	*Han revisado el proyecto* ***alusivo al*** *medio ambiente* ***y relacionado con*** *él.*

- El uso de una oración como complemento del sustantivo, especialmente frecuente en el caso de *el porqué* (▶ **2.3.3**):

Uso incorrecto	Uso correcto
Aquí se explica ⊗***el porqué*** *la mayoría de las obras ejecutadas son pequeñas.*	*Aquí se explica* ***por qué*** *la mayoría de las obras…,* o bien, *Aquí se explica* ***el porqué del*** *pequeño tamaño de la mayoría de las obras ejecutadas.*

- La sustitución de un verbo por otro que tiene un régimen preposicional distinto (▶ **3.4.3**):

Uso incorrecto	Uso correcto
⊗*Es que* ***yo lo que me acuerdo*** *con horror eran los mareos.*	*Es que* ***de lo que yo me acuerdo*** *con horror era de los mareos,* o bien, *(…)* ***yo lo que recuerdo*** *con horror eran los mareos.*

- Otros ejemplos de anacoluto:

Uso incorrecto	Uso correcto
⊗*Si* ***alguno*** *de vosotros prefiere practicar otro deporte, lo podéis hacer.*	*Si* ***alguno*** *de vosotros prefiere practicar otro deporte, lo* ***puede*** *hacer.*
⊗***Los nombres de los alumnos que*** *aparecen en el tablón de anuncios* ***es porque no han pasado*** *aún por Secretaría a pagar la matrícula.*	***Los alumnos cuyos nombres*** *aparecen en el tablón de anuncios* ***han de pasar*** *por Secretaría.*
⊗*El nuevo medicamento* ***se trata de*** *un avance extraordinario en la lucha contra la enfermedad.*	*El nuevo medicamento* ***supone*** *un avance…*
⊗*La economía lo que no se puede es prescindir de ella.*	*De lo que no se puede prescindir es de la economía* o bien, *De la economía no puede prescindirse.*

4.6.2 Silepsis

■ Se denomina **silepsis** —etimológicamente 'comprensión'—, a la **discordancia,** deliberada o no, que se produce en la construcción de las frases **cuando no se respetan las reglas de concordancia de género o de número** (► **4.2.3**). Se conoce también como concordancia *ad sénsum*. Son casos de silepsis ejemplos como los siguientes:

La mayoría votaron a favor (sujeto en singular y verbo en plural).

Su señoría se encuentra muy ocupado (femenino concordado con masculino).

¿Cómo estamos hoy, amigo? (plural referido a un singular).

¡Hay que ver de qué cosas se ocupa la policía colombiana con el trabajo que tienen! (discordancia de número).

4.6.3 Asimetría

■ La **asimetría,** también llamada anantapódoton, es un error producido como consecuencia de la **supresión de uno de los dos términos correlativos de una secuencia,** es decir, se anuncia que se va a establecer una correspondencia entre elementos y luego se omite el segundo. Se produce cuando se elimina el segundo término de los elementos *por una parte… por otra, los unos… los otros, en primer lugar… en segundo lugar, o bien… o bien,* etc.

Uso incorrecto	Uso correcto
⊗*Tras el aviso a la policía,* ***unos*** *querían acabar la fiesta, pero nadie deseaba marcharse a su casa.*	*Tras el aviso a la policía,* ***unos*** *querían acabar la fiesta y* ***otros*** *deseaban continuarla, pero nadie deseaba marcharse a su casa.*

⊗*La urgencia en su celebración respondería (...) a la necesidad* ***por una parte*** *de que el Parlamento recupere la capacidad de iniciativa política que hoy parece estar en los juzgados y en algunos medios de comunicación* ***y de transmitir*** *a los ciudadanos la constatación de que el Gobierno cuenta con un amplio apoyo parlamentario para seguir desarrollando su trabajo.*	*(...) la necesidad,* ***por una parte,*** *de que el Parlamento recupere la capacidad de iniciativa... y,* ***por otra,*** *de que transmita a los ciudadanos...*

■ También se produce asimetría cuando **no hay correspondencia entre los elementos correlativos:**

Uso incorrecto	Uso correcto
⊗*Los diarios cumplen funciones importantes, ya que* ***de un lado*** *resumen y expresan... y* ***por el otro*** *contribuyen a propagar...*	*(...) ya que,* ***de un lado*** *resumen y expresan... y,* ***del otro*** *contribuyen...*
⊗*Existe* ***por una parte*** *un deseo popular de convertir el islote en un parque natural y* ***por otro*** *están los intereses de una sociedad privada de urbanizar dicha isla.*	*Existe,* ***por una parte,*** *un deseo popular de convertir el islote en un parque natural y,* ***por otra,*** *están los intereses...*

4.6. 4 Omisión o zeugma

■ La **omisión** o zeugma es una figura de construcción sintáctica que consiste en **utilizar una sola vez una palabra común para varias unidades análogas** de la oración (un verbo para varios sujetos, un adjetivo para varios sustantivos, etc.). Es un recurso muy frecuente en la lengua:

Era una persona afable, servicial, de una cordialidad admirable (se omite *era*).

Lo vi salir, pero no regresar (se omite *lo vi*).

■ En literatura se usa a veces para producir efecto de sorpresa o de ruptura. Veamos dos ejemplos, el primero perteneciente al escritor Julio Cortázar, en el que se describe el comportamiento de un suicida que se lanza al vacío, y el segundo, un verso de Pedro Salinas:

(...) un aire fragoroso que te envuelva y te acaricie y doce pisos.

Cierra los ojos, las preguntas.

■ No es aconsejable el zeugma cuando para recuperar el elemento omitido es necesario algún tipo de modificación:

Uso admisible	Uso preferible
Su talante es moderado y lo son también sus actuaciones.	*Su talante es moderado y son moderadas también sus actuaciones,* o bien, *Tanto su talante como sus actuaciones son moderados.*
¿Vas a casarte o ya lo estás?	*¿Vas a casarte o ya estás casado?*

■ La omisión de un elemento es incorrecta cuando ocasiona irregularidades y discordancias gramaticales:

Uso incorrecto	Uso correcto
⊗*Mi mujer* ***es*** *morena, alta,* ***ojos verdes…***	*Mi mujer* ***es*** *morena, alta,* ***tiene*** *los ojos verdes…*
⊗***Era*** *una persona afable, simpática, siempre* ***al servicio*** *de todos,* ***y con un gran*** *sentido del humor.*	***Era*** *una persona afable, simpática,* ***estaba*** *siempre al servicio de todos y* ***tenía*** *un gran sentido del humor.*
⊗*Pepa Fernández es la única mujer* ***con la que me levanto*** *todos los fines de semana,* ***pero nunca me acuesto*** [cuña publicitaria del programa de RNE «No es un día cualquiera», que se emite en España los fines de semana, dirigido por Pepa Fernández].	*Pepa Fernández es la única mujer* ***con la que me levanto*** *todos los fines de semana* ***sin haberme acostado con ella.***

5

Aspectos léxico-semánticos

Guía práctica del español correcto

Instituto Cervantes

Aspectos léxico-semánticos

■ Este capítulo está dedicado a repasar algunos aspectos que tienen que ver con la corrección y la norma en los planos léxico y semántico. Hay que tener presente que estos niveles lingüísticos están más sujetos a modificaciones y cambios. Las palabras han de ir adaptándose a una realidad siempre cambiante, por lo que, a medida que esta se transforma, han de ir cambiando también los términos y las voces con que nos referimos a ella, dando lugar a los procesos de mortandad léxica y creación de las palabras, de arcaísmos y neologismos (▶ 6.3). Y otro tanto ocurre en el plano semántico, ámbito en el que los cambios se producen de manera ininterrumpida, tanto como consecuencia de las extensiones o reducciones en el significado que origina el uso de las palabras, como por la dificultad que ofrece para la mayoría de los hablantes delimitar de forma precisa el límite significativo de muchas palabras.

■ Esta variabilidad no implica, claro está, que en el plano léxico-semántico se carezca de norma o que esta sea totalmente voluble. El propio diccionario sirve como notario sancionador de unos usos frente a otros y, aunque no haya que tomar su contenido en términos absolutos —en el sentido de que solo está bien dicho lo que aparece en él—, lo cierto es que los hablantes de español tendemos a otorgarle ese valor normativo de referencia común y guía de los usos lingüísticos. Esta consideración permite distinguir los usos que están plenamente consagrados y aceptados por todos de otros que son más inestables y sobre los que el consenso es menor. Lo que vamos a tratar en este capítulo son precisamente esos usos que se apartan de lo que está asentado, tomando la norma académica y el diccionario como criterios.

5.1 Vulgarismos

■ Ya vimos en el primer capítulo la relación entre corrección y vulgarismo (▶ 1.4) y cómo es preciso conocer qué se considera vulgarismo para poder contrarrestar el rechazo social que produce.

■ Los vulgarismos se pueden producir en cualquiera de los niveles lingüísticos: hay vulgarismos gráficos (faltas de ortografía), vulgarismos morfológicos, vulgarismos sintácticos, vulgarismos léxicos y vulgarismos semánticos. En este capítulo nos centraremos en estos últimos, pero podemos resumir ahora algunos de los que hemos tratado en los capítulos 3 y 4 y que constituyen fenómenos repudiados en la mayor parte del territorio hispanohablante.

■ En el plano fónico se consideran vulgares fenómenos como los siguientes:

- El desplazamiento del acento en la palabra: ⊗*ávaro (avaro)*, ⊗*méndigo (mendigo)*, ⊗*especimen (espécimen)*, ⊗*intérvalo (intervalo)*, ⊗*páis (país)*, ⊗*máiz (maíz)*.
- El cambio de timbre vocálico: ⊗*lantejas (lentejas)*, ⊗*melitar (militar)*, ⊗*medecina (medicina)*, ⊗*escuro (oscuro)*, ⊗*redículo (ridículo)*, ⊗*rial (real)*, ⊗*tiatro (teatro)*, ⊗*nusotros (nosotros)*.
- La sustitución de sonidos consonánticos: ⊗*gabina (cabina)*, ⊗*agüelo (abuelo)*, ⊗*abuja (aguja)*, ⊗*gomitar (vomitar)*, ⊗*jamilia (familia)*, ⊗*ajuera (fuera)*, ⊗*esparda (espalda)*, ⊗*armendras (almendras)*, ⊗*celebro (cerebro)*.
- La adición de sonidos: ⊗*asín (así)*, ⊗*muncho (mucho)*, ⊗*aluego (luego)*, ⊗*amoto (moto)*, ⊗*arradio (radio)*, ⊗*trompezar (tropezar)*, ⊗*riyendo (riendo)*, ⊗*asín (así)*, ⊗*el taxis (el taxi)*.
- Las supresión de sonidos: ⊗*risión (irrisión)*, ⊗*pograma (programa)*, ⊗*dotor (doctor)*, ⊗*caráter (carácter)*, ⊗*ginasia (gimnasia)*, ⊗*pos (pues)*, ⊗*deo (dedo)*, ⊗*depué (después)*, ⊗*padastro (padrastro)*.
- La alteración del orden de los sonidos que conforman la palabra: ⊗*axfisia (asfixia)*, ⊗*probe (pobre)*, ⊗*siéntesen (siéntense)*, ⊗*naide (nadie)*.
- Las faltas de ortografía: ⊗*avalanzarse (abalanzarse)*, ⊗*mal estar (malestar)*, ⊗*imágen (imagen)*, ⊗*DIRECCION (DIRECCIÓN)*.

■ En el plano morfosintáctico se encuentra también un amplio número de fenómenos que podemos considerar vulgares, como los siguientes:

- El cambio de género o número de las palabras **(▶3.1.1, 3.1.2)**: ⊗*la vinagre (el vinagre)*, ⊗*la carie (la caries)*, ⊗*el comicio (los comicios)*, ⊗*los sofases (los sofás)*, ⊗*los pieses (los pies)*.
- El empleo incorrecto de determinantes **(▶ 3.3)**: ⊗*este agua (esta agua)*; y el empleo de los posesivos tras adverbios **(▶ 3.3.2, 3.5)**: ⊗*delante suyo (delante de él)*.
- En los pronombres personales, el cambio en el orden en las secuencias pronominales **(▶ 4.1.1)**: ⊗*¿Me se escucha? (¿Se me escucha?)*, el laísmo y el loísmo, junto con algunos casos de

leísmo (▶ 3.3.8b): ⊗*Las recomendé que no vinieran (Les recomendé), A mis vecinos* ⊗*los han robado el coche (les han robado), El coche* ⊗*le arreglo en el taller (lo arreglo);* y la discordancia entre el pronombre y el sustantivo (▶ 4.2.2): *Se* ⊗*los dije (se lo dije).*

• En el verbo, el empleo de *haber* por *estar: Aquí* ⊗*habemos tres personas (aquí estamos),* los errores en la conjugación, (▶ 3.4.1), la adición de *-s* en 2.ª persona del pretérito perfecto simple (▶ 3.4.1): *¿*⊗*Trajistes el pan? (¿Trajiste el pan?)* y la formación analógica de la 1.ª persona de plural: *Ayer* ⊗*juguemos un buen partido (jugamos);* el uso del infinitivo por el imperativo (▶ 4.4.3): *Eh, no* ⊗*hablar tan alto (no habléis* o *no hablen);* el empleo concordado de *haber* (▶ 4.2.4): ⊗*Están habiendo muchos robos (está habiendo);* el empleo del condicional en la prótasis de las oraciones condicionales (▶ 4.4.1): *Si* ⊗*tendría dinero me compraría un coche (Si tuviera),* y en general las incorrecciones en el régimen de los verbos (▶ 3.4.3 y 4.3.3).

• En la sintaxis de las preposiciones, los fenómenos del queísmo y, sobre todo, del dequeísmo (▶ 4.3.1): *Me han dicho* ⊗*de que van a venir tus amigos (Me han dicho que);* empleo de ⊗*contra más* por *cuanto más* (▶ 3.6); ⊗*de que* con valor temporal por *en cuanto que* (▶ 3.7), etc.

■ Dentro del plano léxico-semántico, los vulgarismos tienen que ver con el empleo de términos que no se adecuan a las circunstancias o el contexto en que se produce el enunciado. Se consideran también vulgarismos algunas impropiedades léxico-semánticas como las que veremos en el apartado que aparece a continuación.

§ 5.2 Impropiedades

■ Al establecer las relaciones entre corrección y propiedad, definimos la impropiedad como la falta de adecuación interna entre el pensamiento que el hablante desea transmitir y las palabras que escoge para hacerlo (▶ 1.3). Se produce como consecuencia de una inadecuada selección léxica, al utilizar una palabra que no corresponde al significado con el que se usa o que carece del matiz que se quiere expresar.

■ Vamos a centrarnos ahora en señalar una serie de palabras que con frecuencia se usan con desviaciones respecto al significado que les corresponde. Para la exposición, dividiremos en tres grupos estos vocablos: un primer listado, que recoge impropiedades de carácter general; el segundo, en el que la impropiedad se debe a un desajuste entre el significado de la palabra y el complemento que la acompaña (▶ 5.2.1); y un tercer grupo, que incluye los errores que se deben a las interferencias en el significado de palabras que se parecen en la forma (▶ 5.2.2).

■ Impropiedades de carácter general:

- *abigarrado*

  Se usa a veces inadecuadamente como sinónimo de *compacto, apelmazado* o con el significado de 'abarrotado, lleno de gente'. *Abigarrado* significa 'de varios colores' y también 'heterogéneo, reunido sin concierto'.

Uso incorrecto	Uso correcto
*Un ejército ⊗**abigarrado** de ovejas merinas cruza el regato.*	*Un ejército **compacto...***
*Vestía un enorme y ⊗**abigarrado** manto gris que, sin duda, había sido fiel compañero de sus aventuras...*	*Vestía un enorme y **apelmazado/tupido** manto gris...*
*Una hora después se llega a Zumbahua, cuya feria sabatina, ⊗**abigarrada** de gente de poncho y sombrero, tiene un aire más auténtico.*	*Una hora después se llega a Zumbahua, cuya feria sabatina, **repleta/atiborrada** de gente...*

- *abolición*

  Consiste en el acto legal de dejar sin vigencia una ley o una costumbre. Dado ese carácter de acto legal, tiene un significado más restringido que los términos generales *supresión* o *prohibición*, por lo que no en todos los casos puede utilizarse como sinónimo de estos.

Uso incorrecto	Uso correcto
*(...) poder pagar pequeñas compras con una tarjeta-monedero cuya finalidad última es la ⊗**abolición** de las monedas.*	*(...) finalidad última es la **supresión/prohibición** de las monedas.*

- *abrumador*

  Tiene un significado originariamente negativo: 'que agobia por el peso', 'que preocupa', 'que cansa'; como consecuencia de ello, ha adquirido el valor de 'que produce asombro o admiración'. Es un adjetivo que se usa hoy en exceso y habitualmente referido a sustantivos de carácter positivo *(éxito abrumador, victoria abrumadora, respaldo abrumador)*; debe evitarse como sinónimo de *grande, masivo.*

Uso incorrecto	Uso correcto
*La carrera contará con el seguimiento ⊗**abrumador** de las grandes cadenas de radio estatales.*	*(...) el seguimiento **masivo...***

- *aforo*

  Es el número máximo de personas que admite un establecimiento público o un recinto. No equivale, por tanto, al 'número de asistentes a un acto'.

Uso incorrecto	Uso correcto
*El ⊗**aforo** ayer estaba en su justa medida, prácticamente lleno, pero la multitud de mañana podría romper el equilibrio.*	*El **recinto** ayer estaba en su justa medida…*

- *agnóstico*

No equivale a *ateo*. El *ateo* es el que no cree en la existencia de Dios; el *agnóstico* es aquel que solo cree en lo que se puede demostrar por la razón, por lo que admitirá la existencia de Dios o no en la medida en que esta se pueda demostrar. Con la expresión *no creyente* se alude tanto al ateo como al agnóstico.

Uso incorrecto	Uso correcto
*¿Qué es el hombre contemporáneo?: la suma de las luchas que le han moldeado, la combinación disonante de un progresista y un reaccionario, un nacionalista y un cosmopolita, un ⊗**agnóstico** y un creyente tirando cada uno en sentido opuesto.*	*(…) un **no creyente** y un creyente…*

- *alocución*

Es un 'discurso breve dirigido por un superior a sus inferiores o a sus secuaces'. No debe emplearse como sinónimo de *discurso, sermón,* etc.

Uso incorrecto	Uso correcto
*En su ⊗**alocución,** Alberto Meiller hizo referencia a la preocupación comunal por las consecuencias de un ciclo agrícola ganadero que originó la presentación de 546 planillas de emergencia.*	*En su **discurso…***
*Monseñor Trino Valera, obispo auxiliar de Caracas, durante su ⊗**alocución** de las Siete Palabras, la pasada Semana Santa, hizo un dramático llamado a los venezolanos.*	*(…) su **sermón** de las Siete Palabras…*

- *arrojar*

Referido a un documento o un dato, puede usarse con el valor de 'presentar una consecuencia o un resultado'. Se usa indebidamente, sin embargo, cuando se utiliza como sinónimo de *ocasionar, producir, causar*.

Uso incorrecto	Uso correcto
*(…) horas después de que se hubieran cometido los dos atentados perpetrados contra la Armada y la Guardia Civil, que ⊗**arrojaron** un resultado de tres muertos.*	*(…) **ocasionaron/produjeron** un resultado de tres muertos…*

- *asumir*

Significa 'atraer a sí', 'hacerse cargo, responsabilizarse, aceptar'. No es sinónimo de *suponer*.

Uso incorrecto	Uso correcto
*El hecho de que Stone, un enemigo de hacer películas «políticamente correctas», vuelque su interés en Nixon, ha llevado a algunos a ⊗**asumir** que el filme será un retrato malévolo del presidente número 37.*	*(...) **suponer** que el filme será un retrato...*

- *balance*

  Es el estudio comparativo de las circunstancias o factores que intervienen en un proceso para tratar de prever su evolución y, en el lenguaje del comercio, el contraste entre el activo y el pasivo para averiguar el estado de un negocio. No equivale, por tanto, a *resultado, saldo, total.*

Uso incorrecto	Uso correcto
*Nada importó el ⊗**balance** de una elección que pasó a la historia como la de mayor participación ciudadana y menor número de impugnaciones.*	*Nada importó el **resultado** de una elección...*

- *barajar*

  Significa 'considerar varias posibilidades', por lo que el complemento ha de ser plural; no se baraja una sola opción.

Uso incorrecto	Uso correcto
*El futuro complejo, para el que ⊗**se baraja** el nombre de El Centre, moverá una inversión de alrededor de 15.000 millones de pesetas.*	*El futuro complejo, para el que **se ha propuesto** el nombre...*
*La fórmula que ⊗**se baraja** es incluir el compromiso de aplicar en el futuro una reducción de las cotizaciones sociales.*	*La fórmula que **se estudia/se considera...***

- *bifurcarse*

  Es 'dividirse un camino en dos'. No debe utilizarse para indicar una división en más brazos o ramales.

Uso incorrecto	Uso correcto
*(...) mesa de comedor estilo Regencia, en caoba, rectangular, con doble pie que ⊗**se bifurca** en tres patas estriadas rematadas por garras de bronce.*	*(...) **se divide** en tres patas...*
*Cuenta una historia que ⊗**se bifurca** en múltiples relatos.*	*Cuenta una historia que **se divide/se fragmenta...***

- *coger*

  No debe usarse con el significado de *caber.*

Uso incorrecto	Uso correcto
*Aquí ya no ⊗**coge** nadie más.*	*Aquí ya no **cabe** nadie más.*

- *climatología*

Es la 'ciencia que estudia el clima' y el 'conjunto de las condiciones propias de un determinado clima'. No es correcto, por tanto, usarlo como equivalente de 'clima' o de 'tiempo atmosférico'.

Uso incorrecto	Uso correcto
La ⊗***climatología*** *para mañana será de temperaturas agradables.*	*El* ***tiempo*** *para mañana…*
La operación salida se vio dificultada por la ⊗***climatología*** *adversa.*	*(…) el* ***tiempo*** *adverso.*

- *comentar*

No es sinónimo de *afirmar, señalar* o *decir*. Implica un desarrollo de la información, es decir, ofrecer una explicación detallada de algo.

Uso incorrecto	Uso correcto
El entrenador azulgrana no estuvo de acuerdo cuando se le ⊗***comentó*** *que el equipo había «bajado el tono» en los últimos partidos.*	*(…) se le* ***dijo/aseguró…***

- *contabilizar*

No sustituye en todos los casos a *contar, sumar* o *producirse.* El significado es 'apuntar una cantidad en un libro de cuentas'.

Uso incorrecto	Uso correcto
Las fiestas se prolongarán este año durante todo el mes y ⊗***contabilizan*** *un amplio abanico de actos culturales.*	*(…)* ***constan de/incluyen…***
En la provincia más afectada de Silesia, Opole, han sido evacuadas 22.000 personas, y se ⊗***contabilizan*** *inmensas pérdidas materiales.*	*(…) se* ***han producido…***

- *corroborar*

Significa 'dar mayor fuerza a un argumento u opinión mediante nuevos razonamientos o nuevos datos', por lo que no debe usarse como sinónimo de *ratificar* o *confirmar*.

Uso incorrecto	Uso correcto
El dirigente nacionalista ⊗***corroboró*** *las palabras expresadas el jueves por el presidente del PNV.*	*El dirigente nacionalista* ***confirmó/ratificó…***

- *cruento*

Equivale a *sangriento,* es decir, 'que echa sangre'. No debe usarse como sinónimo de *cruel.*

Uso incorrecto	Uso correcto
*Los dispositivos, de un peso que va de los siete a los 10 kilos, fueron colocados en la cabeza de los animales y sostenidos con ganchos sin puntas. Harris advirtió que el método de estudio en principio parece muy ⊗**cruento** porque está agarrado a la piel del animal…*	*(…) parece muy **cruel**…*

- *cuestionar*

No debe usarse como equivalente de *preguntar*, pues su significado es 'controvertir algún asunto proponiendo pruebas o argumentos de una y otra parte' o bien 'poner en duda lo afirmado por alguien'.

Uso incorrecto	Uso correcto
*En la Sala de Prensa en el Miami Arena se le ⊗**cuestionó** a Robi Draco Rosa qué sintió al entregarle el premio a Ricky.*	*(…) se le **preguntó**…*

- *deflagración*

Se emplea en el lenguaje periodístico como sinónimo de *explosión*. Pero su significado propio es el de 'acción y efecto de arder súbitamente con llama y sin explosión'.

Uso incorrecto	Uso correcto
*La estruendosa ⊗**deflagración** sobrevino en el interior del sótano.*	*La estruendosa **explosión**…*

- *dejar*

No cuenta entre sus numerosas acepciones con la de 'causar, ocasionar', que aparece con frecuencia en el lenguaje periodístico para referirse a hechos luctuosos que producen desgracias.

Uso incorrecto	Uso correcto
*Tienen previsto firmar el próximo 29 de diciembre en la capital el histórico acuerdo de paz que pondrá fin a 36 años de enfrentamiento armado que ⊗**ha dejado** más de 150.000 muertos.*	*(…) **ha causado/ha producido**…*

- *deleznable*

Significa 'despreciable por su poco valor', 'que dura poco' o 'que se rompe con facilidad'. No es apropiado usarlo como sinónimo de *detestable, despreciable.*

Uso incorrecto	Uso correcto
*Es ⊗**deleznable** su costumbre de criticar a los demás.*	*Es **detestable** su costumbre…*
*Sólo una infinita crueldad y la ausencia de cualquier sentimiento de humanidad explican un comportamiento tan ⊗**deleznable.***	*(…) un comportamiento tan **despreciable/mezquino.***

- *desconvocar*

Es 'anular una convocatoria', así que solo puede desconvocarse un acto cuando había sido previamente convocado. No es correcto usarlo con el sentido de *interrumpir, suspender* algo que ya se haya iniciado.

USO INCORRECTO	USO CORRECTO
El Comité Karabaj decidió ayer ⊗***desconvocar*** *la huelga general iniciada hace una semana en la capital de esa república.*	*El Comité Karabaj decidió ayer* ***suspender...***

- *detentar*

Significa 'retener y ejercer ilegítimamente el poder', por lo que no es correcto emplearlo como sinónimo de *ocupar, ejercer* o *desempeñar un cargo.*

USO INCORRECTO	USO CORRECTO
Con coraje, sangre fría y conscientes del peligro, solidaricémonos con la valiente actitud del Presidente y sus ministros, en especial quien ⊗***detenta*** *la cartera de Justicia.*	*(...) quien* ***ocupa...***

- *dilema*

Es la duda o disyuntiva que se produce por tener que elegir entre dos opciones. No se debe usar cuando no hay opciones entre las que elegir, ni cuando las posibilidades entre las que se duda son más de dos.

USO INCORRECTO	USO CORRECTO
(...) tiene que enfrentarse al ⊗***dilema*** *de competir con imágenes tan posicionadas en el mundo como Domino's pizza, Pizza Hut, Bellsouth, etc.*	*(...) tiene que enfrentarse al* ***problema...***

- *ejecutar*

Tiene el significado, entre otros, de 'ajusticiar, dar muerte al reo'. Implica, por tanto, el requisito de haber seguido algún tipo de proceso judicial. No es correcto aplicarlo a situaciones en las que falta ese requisito.

USO INCORRECTO	USO CORRECTO
Testigos nombraron a Alvarenga como uno de los 20 o más encapuchados que usaron armas automáticas y escopetas recortadas para ⊗***ejecutar*** *a residentes del arrabal.*	*(...) para* ***asesinar/matar...***

- *emergencia*

Por influencia del inglés ha adquirido el significado que tradicionalmente correspondía a *urgencia,* pero no son sinónimos. Una *emergencia* es el 'suceso, accidente que sobreviene' o la 'situación de peligro o desastre que requiere una acción inmediata'; una *urgencia* es cualquier 'caso urgente' y también la 'necesidad o falta apremiante de lo que es menester para algún negocio'.

Uso incorrecto	Uso correcto
Pediremos ayuda en caso de ⊗***emergencia,*** *por pequeña que esta sea.*	*Pediremos ayuda en caso de* ***nesesidad/urgencia...***

- *enclave*

No es sinónimo de lugar o *territorio* sin más, sino que se aplica a aquel territorio que se halla incluido en otro de diferentes características geográficas, políticas, económicas, etc.

Uso incorrecto	Uso correcto
Ese año, al noroeste de Lisboa, en un ⊗***enclave*** *próximo a Monte Redondo, Ribeiro descubrió piedras talladas por la acción del hombre.*	*(...) en un* ***paraje...***

- *endosar*

Se define como 'trasladar a alguien una carga, trabajo o cosa no apetecible'. No se debe usar en el sentido de *propinar, encajar,* valor que adquiere a menudo en el lenguaje deportivo.

Uso incorrecto	Uso correcto
Esa zamarra de tono naranja que portaban los jugadores blanquiazules cuando el Mónaco le ⊗***endosó*** *aquella sonrojante derrota por 8-3.*	*(...) le* ***propinó/ocasionó...***

- *envergadura*

Es la 'distancia de los brazos humanos cuando están extendidos en cruz', o, en sentido figurado, 'importancia, amplitud, alcance'. No equivale a *corpulencia* o *gran estatura.*

Uso incorrecto	Uso correcto
(...) pero ese toro, por mucha ⊗***envergadura*** *que tenga, no lo puede querer ni Madrid, ni Valladolid, ni Antequera, ni Castellón de la Plana.*	*(...) por mucha* ***corpulencia...***

- *esgrimir*

Solo se esgrimen armas blancas, como la espada, el sable o el cuchillo. No es correcto que el complemento sea un arma de fuego.

Uso incorrecto	Uso correcto
El joven ⊗***esgrimió*** *un revólver y disparó cinco tiros.*	*El joven* ***empuñó/sacó*** *un revólver...*

- *escuchar*

  No significa simplemente 'oír', sino 'prestar atención a lo que se oye'.

Uso incorrecto	Uso correcto
*Desde hace tiempo, ya no se ⊗**escucha** el ta-ca-ta-ta-ca de las máquinas de escribir, que acompañaron a importantes generaciones de periodistas.*	*(…) no se **oye** el ta-ca-ta-ta-ca…*

- *exento*

  No es sinónimo de *carente, desprovisto* o *falto*. Su significado es 'libre, desembarazado de una ocupación' *(queda exento de responsabilidades)* y también 'aislado, independiente' *(una columna exenta)*.

Uso incorrecto	Uso correcto
*Fernández Ordóñez, en tono distendido no ⊗**exento** de ironía, dijo que cuando se le comunicó que iba a ser galardonado, lo valoró mucho.*	*(…) no **desprovisto…***

- *exiguo*

  No significa simplemente 'pequeño', sino que lleva el valor añadido de 'insuficiente'.

Uso incorrecto	Uso correcto
*Para realizarlo basta un ⊗**exiguo** esfuerzo.*	*Para realizarlo basta un **pequeño/mínimo** esfuerzo.*
*Quienes auguraron, después del ⊗**exiguo** triunfo electoral, que su paso por el poder sería efímero, quizá se vean obligados a revisar el pronóstico.*	*(…) después del **ajustado/reducido…***

- *favoritismo*

  Es un comportamiento negativo que se produce cuando, entre varios candidatos, se tiene en cuenta más el favor a uno de ellos que sus méritos. No debe usarse, por tanto, con el significado neutro de 'considerar favorito a alguien'.

Uso incorrecto	Uso correcto
*El demócrata Al Gore y el republicano George W. Bush ganaron anoche las consultas preelectorales de Iowa, confirmando su ⊗**favoritismo** para la nominación presidencial en sus respectivos partidos.*	*(…) confirmando su **condición de favoritos…***

- *humanitario*

  Se aplica a aquello que se refiere al bien del género humano y, en particular, a lo que tiene como fin aliviar los efectos que las guerras y catástrofes producen en las personas. Así se puede hablar de *ayuda humanitaria, sentimiento humanitario, labor humanitaria, ayuda humanitaria,* etc., pero no resulta apropiado hablar de *drama humanitario, catástrofe humanitaria, crisis humanitaria.*

Uso incorrecto	Uso correcto
*Ruanda es sólo una más de las tragedias que se viven en Africa, aunque la magnitud de esta crisis ⊗**humanitaria** la ha catapultado...*	*(...) esta crisis **humana...***

- *inaudito*

  Significa 'no oído' y también 'monstruoso, extremadamente vituperable'. No es sinónimo, por tanto, de *insólito.*

Uso incorrecto	Uso correcto
*Comprendo perfectamente que las cuevas posean unas estrictas condiciones de mantenimiento, pero es ⊗**inaudito** que a las autoridades se les hayan desbordado las demandas de visita.*	*(...) es **insólito...***

- *imberbe*

  No equivale a *barbilampiño.* Es *imberbe* el que carece de barba, mientras que es *barbilampiño* el que tiene barba rala o escasa.

Uso incorrecto	Uso correcto
*Era un muchacho ⊗**imberbe,** cuya cara se ensombrecía aquí y allá con manchas ralas de pelo...*	*Era un muchacho **barbilampiño...***

- *identificar*

  Consiste en 'reconocer si una persona o cosa es la misma que se supone o se busca'. Por tanto, no equivale a *descubrir* o *encontrar,* ya que para poder *identificar* es preciso haber hallado.

Uso incorrecto	Uso correcto
*La víctima debe una importante cantidad de dinero a un grupo de personas al que la Policía trata de ⊗**identificar.***	*(...) trata de **descubrir/encontrar.***

- *incidente*

  Es una 'riña, disputa o pelea'. No debe usarse como sinónimo de *suceso, problema, avería* o *accidente.*

Uso incorrecto	Uso correcto
*Viniendo hacia aquí tuvimos un pequeño ⊗**incidente:** se nos pinchó la rueda del coche.*	*(...) tuvimos una pequeña **avería** o un pequeño **problema...***
*El ⊗**incidente** del aterrizaje, el pasado jueves, en plena plaza Roja de Moscú, de la avioneta pilotada por el joven alemán occidental Mathias Rust...*	*El **suceso/episodio...***

- *interceptar*

Se aplica a objetos, no a personas: la policía puede interceptar vehículos, carreteras, mercancías, etc., el portero intercepta el balón, el radiotelegrafista intercepta una señal.

Uso incorrecto	Uso correcto
Los asaltantes ⊗***interceptaron*** *al conductor del bus y luego comenzaron a robar el dinero y prendas de valor.*	*Los asaltantes* ***detuvieron/capturaron...***

- *inmiscuirse*

Equivale a *entremeterse,* meterse en asuntos cuando no hay razón o autoridad para ello. No significa *incluir*.

Uso incorrecto	Uso correcto
Hoy firmarán ambos organismos un convenio de patrocinio para la selección, donde ⊗*se* ***inmiscuye*** *a los presidentes de equipos y de la federación.*	*(...) se* ***incluye...***

- *justiciero*

No significa 'justo', sino 'que observa y hace cumplir la justicia'. Es un adjetivo que debe aplicarse a personas, no a cosas.

Uso incorrecto	Uso correcto
Y fue el chico de Huracán quien, a los 31, cabeceó un rebote (...) para poner el 1 a 0. Un resultado demasiado exiguo, pero ⊗***justiciero.***	*(...) exiguo, pero* ***justo.***

- *laico*

No es lo mismo que *aconfesional.* Lo que se sitúa y se comporta de forma independiente respecto a cualquier organización o confesión religiosa se califica de *laico*. Lo que no pertenece ni está adscrito a ninguna confesión religiosa se denomina *aconfesional*. Un *partido aconfesional* o *la enseñanza aconfesional* son diferentes de un *partido laico* o *la enseñanza aconfesional laica. Laico* se aplica a los organismos, instituciones, etc. que impiden el reconocimiento de cualquier religión; *aconfesional* se aplica a los que, aunque permiten la religión, no se inclinan por ninguna confesión en particular.

Uso incorrecto	Uso correcto
Aunque nuestra Constitución es de carácter ⊗***laico,*** *reconoce los derechos fundamentales de la Iglesia Católica.(...)*	*carácter* ***aconfesional...***

- *obsoleto*

No es sinónimo de *antiguo*, sino de *anticuado:* las cintas de casete hoy pueden resultar objetos anticuados y hasta obsoletos para algunos, aunque no sean demasiado antiguos.

Uso incorrecto	Uso correcto
*En el pueblo eran fieles defensores de sus costumbres ⊗**obsoletas** y las cultivaban con mimo.*	*(…) costumbres **antiguas…***

- *oscilar*

  No significa 'aproximarse a una determinada cantidad' ni 'girar', sino 'efectuar movimientos de vaivén, como un péndulo' y 'crecer y disminuir alternativamente'.

Uso incorrecto	Uso correcto
*(…) dejaron de ganar una suma que ⊗**oscila** alrededor de los 50 mil dólares.*	*(…) **ronda** los 50 mil dólares.*

- *panfleto*

  No equivale a *folleto*. Un panfleto es un 'libelo difamatorio', por lo general de carácter ofensivo. Un *folleto* es simplemente una publicación no periódica de reducido número de hojas.

Uso incorrecto	Uso correcto
*Carteles, ⊗**panfletos,** fotografías y pintadas, traerán al recuerdo las coloristas manifestaciones de la plaza del Rossio.*	*Carteles, **folletos…***

- *perecer*

  No es sinónimo perfecto de *morir;* se utiliza para expresar un proceso generalmente breve y violento que desemboca en una muerte repentina. Se perece en un incendio, en una inundación, en un tumulto, como consecuencia de una enfermedad fulminante, etc.

Uso incorrecto	Uso correcto
*Las leyes que no están en consonancia con los hechos constantes, o bien con las costumbres, están destinadas a ⊗**perecer** por desuso.*	*(…) destinadas a **desaparecer…***

- *permisividad*

  Añade a la idea de *tolerancia* el matiz de 'excesivo'. Por tanto, no deben ser consideradas voces sinónimas en todos los casos.

Uso incorrecto	Uso correcto
*Las leyes deben tener más ⊗**permisividad** con las faltas que no supongan riesgos para los demás personas.*	*Las leyes deben tener más **tolerancia…***

- *pirómano*

  No equivale a *incendiario.* La piromanía es una enfermedad, una tendencia patológica a provocar incendios y el que la padece es el *pirómano.* Si no hay patología, al que provoca un incendio se le ha de denominar simplemente *incendiario.*

Uso incorrecto	Uso correcto
*¡No prendas fuego a ese papel, no seas ⊗**pirómano**!*	*¡(…) no seas **incendiario!***

- *presunto*

Difiere de *supuesto*. En el lenguaje judicial, el adjetivo *presunto* se aplica al que se supone que ha cometido un delito mientras está abierta la causa judicial y hasta que se emite el fallo. Si no hay causa judicial, no se debe hablar de *presunto*, sino de *supuesto*, y una vez terminada la causa, ya no se debe seguir aplicando el adjetivo.

Uso incorrecto	Uso correcto
*Tras la sentencia condenatoria, ha ingresado en la cárcel el ⊗**presunto** violador de la joven.*	*(...) el **violador** o el **acusado de violar...***

- *recolectar*

Tiene el significado de 'juntar personas o cosas dispersas'. No equivale, por tanto, a *recoger*, salvo cuando los elementos acopiados estaban diseminados.

Uso incorrecto	Uso correcto
*La mayoría de los condones vienen enrollados. Si el suyo carece de un reservorio en la punta, desenrolle aproximadamente 1.5 centímetros antes de colocarlo en el pene con el fin de dejar un espacio para ⊗**recolectar** el semen.*	*(...) para **recoger...***

- *recopilar*

Se define como 'juntar en compendio, recoger o unir diversas cosas, especialmente escritos literarios'. Es incorrecto su empleo cuando lo que se recoge es un solo objeto o cuando no se realiza ningún compendio de lo recogido; en estos casos debe usarse *recoger, juntar* u otros similares.

Uso incorrecto	Uso correcto
*Desde entonces ha dedicado una buena parte de su tiempo a ⊗**recopilar** datos sobre el comercio de este fruto.*	*(...) a **recoger/acopiar...***
*Calatambo Albarracín ⊗**recopiló** este villancico llamado El Manuelito.*	*Calatambo Albarracín **recogió/registró/recuperó...***

- *reticente*

No es sinónimo de *reacio, remiso* o *terco*. Se aplica al que no dice todo sobre un asunto, dando a entender con malicia que se oculta algo que debiera o pudiera decirse; por ello mismo, también se aplica al que se muestra 'reservado o desconfiado'. *Reacio* es el que se resiste a hacer algo y es *remiso* el poco diligente o poco determinado en hacer algo.

Uso incorrecto	Uso correcto
*Reconoció que la UE es ⊗**reticente** a dar su financiación sin saber el compromiso económico que asumirá Estados Unidos.*	*(...) es **reacia/remisa...***

- *rutinario*

  Es 'lo que se hace o practica por rutina', es decir, sin reflexión y por mera práctica, por lo que tiene un valor negativo. No debe usarse como sinónimo de *habitual, ordinario* o *de trámite,* como podemos encontrar en ejemplos como estos: *trámite rutinario, vuelo rutinario, informe rutinario, control rutinario, reconocimiento rutinario,* etc.

USO INCORRECTO	USO CORRECTO
*La conversación textual, difundida en la prensa, podría ser perfectamente atribuible a cualquier matrimonio ⊗**rutinario.***	*(...) matrimonio **convencional.***

- *saga*

  Es un 'relato novelesco que cuenta las vicisitudes de dos o más generaciones de familias'. Se usa metonímicamente como falso sinónimo de *familia, dinastía familiar*.

USO INCORRECTO	USO CORRECTO
*Miembro de una ⊗**saga** de destacados arquitectos, su padre, Manuel de Solá-Morales, fue decano del Colegio de Arquitectos de Barcelona.*	*Miembro de una **familia/genealogía** o de un **linaje...***

- *singladura*

  No equivale a *recorrido, trayecto* o *travesía;* designa la 'distancia recorrida por una nave en 24 horas'.

USO INCORRECTO	USO CORRECTO
*La nueva policía de barrio de la Guardia Urbana comenzó ayer su ⊗**singladura** por doce barrios de Barcelona.*	*(...) su **andadura...***

- *susceptible*

  Cuando significa 'capaz de recibir modificación o impresión' se combina con la preposición *de* seguida de un infinitivo que expresa la modificación que puede producirse, o de un sustantivo abstracto que expresa acción o efecto *(susceptible de padecer una enfermedad, de convertirse en algo, de ser reconocido; susceptible de alteraciones, de diagnóstico).* Puesto que *susceptible* indica la capacidad de recibir la acción, no puede combinarse con verbos que significan capacidad de llevarla a cabo. Para estos últimos casos deben emplearse adjetivos como *capaz* o *apto*.

USO INCORRECTO	USO CORRECTO
*Cada grano produce de 40 a 50 vástagos o retoños y cada retoño ⊗**susceptible** de producir su espiga.*	*(...) **capaz** de...*

- *vesania*

  Es la 'locura furiosa'. No debe usarse con el significado de 'maldad'.

Uso incorrecto	Uso correcto
*El presidente cometió no sólo un error, sino también una ⊗**vesania,** y ofendió no sólo al pueblo judío, sino a todos los norteamericanos.*	*(…) una **maldad…***

5.2.1 Impropiedad por contraste semántico

■ Un tipo particular de impropiedad es el que se produce por la combinación de dos elementos cuyo significado resulta contradictorio, normalmente porque uno tiene valor positivo y otro negativo. Veamos algunos ejemplos:

- *acarrear*

  En su uso metafórico, significa 'ocasionar daños o desgracias', por lo que el complemento ha de ser algo que se considere negativo o desafortunado. Resulta contradictorio, por tanto, que el complemento sea de carácter positivo.

Uso incorrecto	Uso correcto
*Si el Uruguay fuera un país en serio, Montevideo exhibiría el sello del arquitecto Fabiano como Barcelona ⊗**acarrea** victoriosamente el de Gaudí.*	*(…) como Barcelona **exhibe…***

- *adolecer*

  Se utiliza a menudo indebidamente con el valor de 'carecer', pero *adolecer* significa 'tener un defecto', por lo que sólo admite combinación con elementos que supongan tacha o carencia de algo *(adolecía de tibieza en sus juicios).* No es correcto en casos como:

Uso incorrecto	Uso correcto
*Esperaba que fuese rechazada por ⊗**adolecer** de fundamentos técnicos y antecedentes.*	*(…) por **adolecer de falta…***

- *atesorar*

  Como derivado de *tesoro,* tiene un significado positivo, por lo que no admite complementos metafóricos que se sientan como negativos o desfavorables:

Uso incorrecto	Uso correcto
*Su malestar lo ⊗**atesora** sólo Justo Jorge, el anfitrión de la isla, que ni dio lo prometido ni dijo lo pactado.*	*(…) lo **capitaliza…***

- *celebrar*

  Puede tener un significado neutro cuando equivale a 'realizar una reunión, un espectáculo, etc.': *se celebra* un juicio, una asamblea, una reunión, etc. No obstante, cuando significa 'festejar una fecha o un acontecimiento' y 'alabar o aplaudir algo' no debe combinarse con complementos que impliquen hechos o actitudes negativas. Debe emplearse en tales casos *conmemorar.*

Uso incorrecto	Uso correcto
*Se están preparando actos para ⊗**celebrar** el décimo aniversario de los atentados del 11-S.*	*(...) **conmemorar** el décimo aniversario...*

- *culpable*

  Tiene un marcado carácter negativo, por lo que el complemento deben ser aspectos que se perciban como perjudiciales, dañinos o negativos. Se emplea a veces con carácter irónico.

Uso incorrecto	Uso correcto
*Confesó Pedro Pacheco que era cliente de FREMAP desde hacía tiempo, y de que esta mutua era «⊗**culpable** de que yo pueda terminar las maratones en las que participo».*	*(...) era **responsable/causante...***

- *esperar*

  Se aplica a la creencia de que vaya a suceder algo favorable, por lo que resulta contradictorio con complementos que significan sucesos funestos, aciagos o adversos.

Uso incorrecto	Uso correcto
*Se ⊗**esperan** inundaciones en la zona este de la Península.*	*Se **preven**/se **temen...***
*La Dirección General de Tráfico ⊗**espera** unas cien víctimas mortales durante las próximas vacaciones de Semana Santa.*	*(...) **prevé...***

- *erigir*

  Es 'fundar o instituir algo' y 'dar a alguien o algo un carácter o una categoría superior a la que tenía'. No es correcto utilizarlo en el sentido simple de *edificar* o *construir.*

Uso incorrecto	Uso correcto
*También replicó algunas denuncias sobre el origen de los fondos con los que se ⊗**erige** la pista de aterrizaje en la pequeña localidad norteña.*	*(...) se **construye...***
*El parque se ⊗**erige** en un terreno localizado frente al estadio Olímpico Metropolitano en un área de 44 manzanas.*	*(...) se **construye**/se **levanta...***

- *facción*

  En sentido colectivo tiene el significado peyorativo de grupo que actúa o tiene intenciones perversas. No es correcto emplearlo como sinónimo de *grupo, sector,* etc.

Uso incorrecto	Uso correcto
Tal acuerdo entre políticos de una y otra ⊗***facción*** *ha sido imposible.*	*(...) de uno y otro* ***bando*** *o de una y otra* ***ideología...***

- *hacer gala*

  Es demostrar una cualidad o un comportamiento preciándose de ello. El significado de *gala* exige como complemento que lo que se considera motivo de gala sea algo favorable: *hacer gala de las virtudes propias, de buena educación, de buen gusto, de buen humor, de sabiduría,* etc. No obstante, se está extendiendo el uso de *hacer gala* como simple equivalente de *mostrar.*

Uso incorrecto	Uso correcto
En este caso resulta imprescindible aclarar quién ⊗***hizo gala*** *de semejante irresponsabilidad para que se lo comieran con tanta facilidad.*	*(...) quién* ***mostró...***

- *incurrir*

  Significa 'caer en una falta', por lo que el complemento debe portar el significado negativo de la falta cometida.

Uso incorrecto	Uso correcto
La tendencia más aceptada en este caso es a la utilización del tratamiento farmacológico convencional, pues de otra forma se podría ⊗***incurrir*** *en consecuencias éticas e incluso legales.*	*(...) se podrían* ***derivar*** *consecuencias...*

- *involucrar*

  Se define como 'complicar a alguien en un asunto, comprometiéndolo con él'. En consecuencia, tiene un matiz peyorativo que debe conservarse al formular el enunciado. No debe usarse como *implicar* ni como *inmiscuirse.*

Uso incorrecto	Uso correcto
Esa sabiduría del artista popular se ⊗***involucra*** *contigo de tal manera que pasa a formar parte de tu vida.*	*(...) se* ***integra...***
El espacio incluye actuaciones musicales y diversos juegos y bromas en las que se ⊗***involucra*** *al público asistente en el plató.*	*(...) se* ***implica...***

- *proclive*

  Quiere decir 'inclinado o propenso a algo, especialmente a lo malo'. No obstante, se usa con mucha frecuencia con complementos de carácter positivo.

Uso incorrecto	Uso correcto
*Saavedra, siempre se ha mostrado ⊗**proclive** a acuerdos con las autonomías que luego no ha ratificado el Gobierno.*	*(...) **propenso/favorable** a...*

- *proferir*

  Significa simplemente 'pronunciar'; no obstante, se usa por lo general en combinación con elementos negativos: *proferir* amenazas, insultos, gritos, etc.

Uso incorrecto	Uso correcto
*Los congregados ⊗**proferían** entusiastas alabanzas hacia el benefactor.*	*(...) **proclamaban** estusiastas alabanzas...*

- *tachar*

  Al igual que *tildar*, solo admite combinación con elementos que se consideran defectos o que se sienten como negativos:

Uso incorrecto	Uso correcto
*Todos coincidieron en ⊗**tachar** como «histórica» la declaración de Viña del Mar.*	*(...) **valorar** como «histórica»...*

- *tildar*

  Aplicado a una persona o una situación, significa calificarlo denigrativamente, por lo que no se debe usar con adjetivos o sustantivos de significación positiva. En estos casos hay que reemplazarlo por otros verbos, como *considerar, suponer, calificar* etc.

Uso incorrecto	Uso correcto
*Una lectura que podríamos ⊗**tildar** adecuada.*	*Una lectura que podríamos **considerar** adecuada.*
*(...) un descubrimiento que muchos no han dudado de ⊗**tildar** de histórico.*	*(...) **calificar** de histórico.*

5.2. 2 Impropiedad por paronimia

■ Algunas impropiedades en los usos de las palabras se producen como consecuencia de la semejanza en la forma que presentan dos palabras. Esta **similitud formal** recibe el nombre de **paronimia** y son parónimas las dos palabras que se asemejan formalmente.

- *abstraerse* y *sustraerse*

  Alguien se *abstrae* cuando apartar la atención de lo que le rodea para concentrarse en lo que se tiene en el pensamiento; *sustraerse,* por el contrario, significa 'separarse de lo que es una obligación o un compromiso'. En ocasiones se confunde el primero con el segundo.

Uso incorrecto	Uso correcto
*Nadie puede ⊗**abstraerse** de la responsabilidad derivada de una conducta irregular.*	*Nadie puede **sustraerse...***

- *abertura* y *apertura*

  Son frecuentes las confusiones entre estos dos términos. Una *abertura,* derivado de *abrir,* es una 'grieta, hendidura o agujero'; la *apertura* es la 'acción de abrir', 'el acto de inaugurar un proceso público' o 'la disposición favorable a la innovación'. Una camisa puede tener una *abertura;* un juez inicia un juicio con la *apertura* del mismo.

Uso incorrecto	Uso correcto
*Ha de existir una mínima regulación, pero no debe afectar la libertad de ⊗**abertura,** que aumentaría el servicio y ocuparía a muchos farmacéuticos ahora en paro.*	*(...) libertad de **apertura...***
*Existen cuatro puertas correderas en cada lado, con una ⊗**apertura** de 1,4 metros.*	*(...) una **abertura** de 1,4 metros.*

- *accesible* y *asequible*

  Accesible es aquello a lo que se puede acceder con facilidad, bien porque tiene fácil acceso, bien porque es de trato llano o fácil, bien porque se puede comprender fácilmente. En cambio, *asequible* se aplica a aquello 'que puede conseguirse o alcanzarse'. Una casa será *accesible,* si tiene fácil entrada, y *asequible* si se dispone de suficiente dinero para poder comprarla. Un libro es *accesible* si su contenido se comprende con facilidad. Una persona importante de trato sencillo será *accesible,* pero no es correcto decir que sea *asequible.*

Uso incorrecto	Uso correcto
*El ministro, muy ⊗**asequible,** y que ha explicado su proyecto por pasiva y por activa en los últimos meses, se ve ahora prisionero de esas explicaciones.*	*El ministro, muy **accesible...***

- *acervo* y *acerbo*

  Acervo es un sustantivo que significa 'conjunto de bienes acumulados en una tradición o en una cultura' o 'montón de cosas menudas. *Acerbo* es un adjetivo que significa 'áspero, cruel, riguroso'.

Uso incorrecto	Uso correcto
Estos siete volúmenes constituyen un ⊗***acerbo*** *cultural importante que pertenece al patrimonio histórico español.*	*(…) constituyen un* ***acervo…***

- *aptitud* y *actitud*

  La *aptitud* es la 'capacidad' para poder realizar algo; la *actitud* es la 'disposición mental' para hacer algo.

Uso incorrecto	Uso correcto
(…) la convocatoria urgente de una conferencia internacional de nuestros Partidos al objeto de adoptar una ⊗***aptitud*** *común…*	*(…) adoptar una* ***actitud*** *común…*

- *arrogarse* e *irrogar*

  Arrogarse es 'atribuirse alguien una facultad o atribución que no le corresponde'. *Irrogar* significa 'causar daños'.

Uso incorrecto	Uso correcto
El conserje se ⊗***irroga*** *unos derechos que no le corresponden.*	*El conserje se* ***arroga…***

- *asolado* y *desolado*

  Asolado se emplea erróneamente con el significado de 'lleno de dolor, pena o tristeza', significado que corresponde a *desolado.* El significado del primer término es 'destruido'.

Uso incorrecto	Uso correcto
Cuando recibió la noticia de la muerte de su padre se quedó ⊗***asolado.***	*(…) se quedó* ***desolado.***

- *bianual* y *bienal*

  Bienal es lo que sucede cada dos años; *bianual* es lo que tiene lugar con una frecuencia de dos veces al año. La muestra de cine de Venecia, que se celebra cada dos años, recibe el nombre de la *Bienal* de Venecia; los equinoccios tienen lugar de forma *bianual.*

Uso incorrecto	Uso correcto
Al igual que en enero de 2009, en 2011 volverá a celebrarse la feria ⊗***bianual*** *del vino, que reúne a las empresas más importantes del sector.*	*(…) la feria* ***bienal…***

- *bimensual* y *bimestral*

  Bimestral es lo que sucede cada dos meses; *bimensual* es lo que acontece dos veces al mes.

Uso incorrecto	Uso correcto
(…) con motivo de las obras en el ascensor, la cuota de la comunidad pasará a ser ⊗***bimestral,*** *por lo que se pasará al cobro los días uno y quince de cada mes.*	*(…) la cuota de la comunidad pasará a ser* ***bimensual…***

- *calificar* y *clasificar*

Calificar es 'expresar un juicio sobre las cualidades o circunstancias de alguien' o 'juzgar el grado de suficiencia de los conocimientos demostrados por un alumno'. *Clasificar* es 'distribuir en clases' y 'obtener un determinado puesto en una competición'.

Uso incorrecto	Uso correcto
*Se han ⊗**calificado** en cuatro categorías: usos privados no residenciales (grandes almacenes, por ejemplo), usos privados residenciales, usos públicos dotacionales y usos públicos no dotacionales.*	*Se han **clasificado** en cuatro categorías…*

- *concitar* y *suscitar*

A veces se utiliza inadecuadamente *concitar* como sinónimo de *suscitar*. *Concitar* significa 'reunir, congregar', además de 'instigar a alguien contra otra persona' y 'excitar inquietudes y sediciones en el ánimo de los demás'. *Suscitar* es 'levantar, promover'.

Uso incorrecto	Uso correcto
*La presencia de la autora ⊗**concitó** el interés de los medios intelectuales de Port-au-Prince.*	*(…) **suscitó** el interés…*

- *especia* y *especie*

Especia es el 'condimento alimentario'; *especie* tiene, entre otros significados, el de 'conjunto de cosas semejantes entre sí'.

Uso incorrecto	Uso correcto
*Estuve trabajando con el grupo Nun Tris, en la pieza Los remedios de la Bixigona, que es una ⊗**especia** de comedia del arte para la calle.*	*(…) es una **especie** de comedia…*
*Para aliñar la carne de los pinchos morunos hay que echar varias ⊗**especies.***	*(…) echar varias **especias.***

- *franquicia* y *franquía*

Franquicia es un sustantivo que significa la 'exención de pagar' y la 'concesión de derechos de explotación de un producto o una actividad'. No se debe confundir con la locución adverbial *en franquía,* que tiene el significado de 'en disposición de poder hacer lo que se quiera liberándose de algún quehacer o compromiso'.

Uso incorrecto	Uso correcto
*Los visitantes tuvieron que esforzarse lo justo para poner en ⊗**franquicia** esta semifinal.*	*(…) poner en **franquía…***

- *hojear* y *ojear*

  Hojear es 'pasar las hojas de un libro leyendo deprisa algunos pasajes'; *ojear* es 'lanzar ojeadas a algo'. No obstante, ambos términos coinciden en el significado de 'leer superficialmente un texto'.

Uso incorrecto	Uso correcto
*En cambio, basta ⊗**hojear** el santoral para ver que es considerable el número de mártires de habla española.*	*(...) basta **ojear** el santoral...*

- *inerme* e *inerte*

  Inerme equivale a 'indefenso'; *inerte* es 'sin vida, muerto'. Salvo en biología, donde se aplica a las plantas que carecen de espinas u otras defensas, *inerme* solo debe aplicarse a los elementos que tengan la capacidad de portar armas o defenderse (personas, organismos, etc. ...).

Uso incorrecto	Uso correcto
*(...) la bomba que quedó ⊗**inerme** anteayer en Zarautz o la mochila cargada de explosivos (...) describen una desgarradora vuelta de rosca por parte de ETA .*	*(...) la bomba que quedó **sin explotar...***
*(...) sobre el pueblo colombiano que cayó ⊗**inerme** ante el disparo aleve del sicario apátrida.*	*(...) que cayó **inerte...***

- *infectado* e *infestado*

  Infectado se dice del organismo o la parte de él que padece una infección causada por microbios; *infestado* se aplica a los seres vivos o los lugares cuando se encuentran repletos de parásitos u otros seres molestos o nocivos. El mar puede estar *infestado* de tiburones, el cuero cabelludo *infestado* de piojos; un barrio *infestado* de drogas; una herida está *infectada*, un animal puede resultar *infectado* por una enfermedad, un ordenador con virus está *infectado*.

Uso incorrecto	Uso correcto
*La triquina es un parásito de cerdos y ratas. Se puede adquirir esta lombriz si se come carne de puerco ⊗**infestada** y mal cocida.*	*(...) carne de puerco **infectada...***

- *infringir* e *infligir*

  Se infringe una ley o una norma cuando se quebranta o no se cumple; *infligir* es 'causar daño' o 'imponer un castigo'.

Uso incorrecto	Uso correcto
*Está prohibido ⊗**infringir** daño físico y psicológico no sólo a los humanos (sean amigos o enemigos), sino también a los animales.*	*Está prohibido **infligir** daño...*

- *ingerir* e *injerirse*

  Ingerir es 'tomar alimento'; *injerir* significa 'meter una cosa en otra' e *injerirse* 'entremeterse'.

Uso incorrecto	Uso correcto
*No conviene ⊗**injerir** alimentos en conservas si el recipiente tiene abolladuras.*	*No conviene **ingerir** alimentos…*
*Nos pidió que no nos ⊗**ingiriéramos** en sus asuntos.*	*(…) nos **injiriéramos** en sus asuntos.*

- *mortandad* y *mortalidad*

  Con *mortandad* nos referimos a una 'gran cantidad de muertos causados por epidemia, cataclismo, peste o guerra'. La *mortalidad* es la tasa de muertes que se produce en un territorio en un tiempo determinado; puede usarse en general o relacionada con una causa determinada.

Uso incorrecto	Uso correcto
*Durante los cinco primeros meses, la guerra civil produjo una ⊗**mortandad** del 3% del total.*	*(…) una **mortalidad** del 3% del total.*
*Tendrán la oportunidad de que les sea aplicada dicha vacuna, además, contra otras enfermedades infecciosas como sarampión, difteria, lechina, tosferina y tuberculosis, que causan gran ⊗**mortalidad** entre la población infantil.*	*(…) causan gran **mortandad…***

- *mayoritariamente* y *mayormente*

  Mayoritariamente significa 'por mayoría'; *mayormente* quiere decir 'principalmente, especialmente'.

Uso incorrecto	Uso correcto
*Pero el electorado español ⊗**mayormente** y el catalán con cautela se decantan por partidos antigubernamentalesPero el electorado español*	*(…) **mayoritariamente…***

- *obligatoriedad* y *obligación*

  A menudo se utiliza el primero con el significado del segundo. *Obligatoriedad* es una característica, la cualidad que posee lo que es obligatorio; la *obligación* es lo que alguien está obligado a hacer.

Uso incorrecto	Uso correcto
*Tenemos la ⊗**obligatoriedad** de respetar los acuerdos que se toman.*	*Tenemos la **obligación** de respetar…*

- *perjuicio* y *prejuicio*

  Perjuicio es el daño o menoscabo que ocasiona algo; *prejuicio* es el juicio previo, la opinión desfavorable con que se juzga algo que se conoce mal.

Uso incorrecto	Uso correcto
*El presidente de la CECA expresó que un aumento en el volumen de los recursos propios de las cajas no redundará en ⊗**prejuicio** de los dividendos sociales.*	*(…) no redundará en **perjuicio…***
*Las autoridades de la Universidad no se dan cuenta del enorme ⊗**prejuicio** que están creando.*	*(…) enorme **perjuicio…***

- *prescribir* y *proscribir*

  Prescribir tiene los significados de 'preceptuar, ordenar', 'recetar' y 'extinguirse por el transcurso del tiempo una obligación, una deuda, un delito, etc.' *Proscribir* es 'expulsar a alguien de un territorio' o 'prohibir una costumbre'. No deben confundirse tampoco los adjetivos derivados *prescrito* y *proscrito.*

Uso incorrecto	Uso correcto
*Si no se actúa a tiempo, ⊗**proscribirá** el delito y los culpables no podrán ser castigados.*	*(…) **prescribirá** el delito…*

- *previsto* y *provisto*

  Previsto es el participio del verbo *prever,* que significa 'conocer por indicios lo que ha de suceder' y 'preparar con antelación'; *provisto* viene de *proveer,* 'dotar de medios o alimentos' (Para la conjugación de estos verbos ▸ **3.4.1**). Lo *previsto* es lo que ha sido pensado con antelación y preparado; lo *provisto* es lo dispuesto.

Uso incorrecto	Uso correcto
*Se ha cancelado la reunión ⊗**provista** entre la patronal y los sindicatos.*	*(…) la reunión **prevista…***

- *rebelar* y *revelar*

  Revelar deriva de *velo* y significa 'descubrir lo que estaba oculto'; *rebelar* quiere decir 'sublevar u oponer resistencia'.

Uso incorrecto	Uso correcto
*El medicamento se ⊗**rebeló** ineficaz para el tratamiento de la enefermedad.*	*El medicamento se **reveló** ineficaz…*

- *reverter* y *revertir*

  Reverter se aplica a las cosas cuando rebosan o se salen de sus límites. *Revertir* una cosa es volverla al estado que tuvo o también llegar a parar en otra.

Uso incorrecto	Uso correcto
*Los asalariados piden ⊗**reverter** las condiciones laborales al estado en que se encontraban antes de la crisis.*	*Los asalariados piden **revertir** las condiciones…*

- *señalizar* y *señalar*

  Señalizar es 'colocar señales en las vías de comunicación'; *señalar* es 'marcar, indicar'.

Uso incorrecto	Uso correcto
(...) en el uso de formas analíticas como marcadores sintácticos para ⊗***señalizar*** *los tiempos verbales y el plural.*	*(...) para* ***señalar*** *los tiempos...*

¡DE RISA!

Malapropismos

Un caso particular de impropiedad léxica es el se conoce con el nombre de malapropismo, que consiste en sustituir un término por otro que se le asemeja fonéticamente, pero cuyo significado no tiene nada que ver con lo que se pretende decir. Suele provocar un efecto cómico y a menudo hilarante:

- ¡Qué casa tienen! Se ve que nadan en la ⊗*ambulancia* (*abundancia*).
- De este medicamento puedes tomar todo lo que quieras, porque es ⊗*inicuo (inocuo).*
- El hijo más joven se murió de una ⊗*doble dosis (sobredosis).*
- ⊗*Endereza* tú la ensalada *(adereza).*
- Es una persona fabulosa, un ⊗*desecho* de virtudes *(dechado).*
- Ha ido tanta gente que han ⊗*flotado* varios autocares *(fletado).*
- La policía levantó ⊗*apestado* del accidente *(atestado).*
- Le quedaron ⊗*secuencias* del accidente *(secuelas).*
- Manolo ya no trabaja aquí: ha pedido la ⊗*excelencia (excedencia).*
- Lo que te pasa en el brazo es una ⊗*conjetura* muscular *(contractura).*
- Me han colocado una antena ⊗*paranoica (parabólica).*
- Porque te hayan despedido no hay que ⊗*rascarse* las vestiduras *(rasgarse).*
- Se enfadó muchísimo y salió disparado, se marchó como una ⊗*insolación (exhalación).*
- Si tomas la ⊗*circuncisión*, llegas antes *(circunvalación).*
- Voy a sacar a mi mujer de excursión para que ⊗*desentone* un poco de todo esto *(desconecte).*

Respuestas en los exámenes escolares

- Anfibios: De los huevos de rana salen unas larvas llamadas ⊗*cachalotes (renacuajos).*
- ¿Qué es la hipotenusa?: La que está entre los dos ⊗*paletos (catetos).*
- Los vulgarismos son palabras que vienen de Bulgaria (!).
- ¿Quién fue Aníbal?: Fue un jefe ⊗*cartilaginoso (cartaginés).*
- El caviar se hace de huevos de ⊗*centurión (esturión).*

5.3 Préstamos y extranjerismos

■ Igual que sucede con los objetos materiales y otros productos, como resultado del contacto entre sociedades que utilizan lenguas diferentes se producen a menudo influencias y trasvases de una lengua a otra, un fenómeno que ha sido constante a lo largo de la historia. Estos cambios se conocen con los nombres de préstamo lingüístico y extranjerismo. **Préstamo** es la voz más amplia y abarcadora, y se refiere no solo a la incorporación de palabras (préstamo **léxico**), sino también a los casos en los que lo que se incorpora es solo el significado (préstamo **semántico** o calco semántico), así como a las influencias de una lengua sobre otra en el plano gramatical (préstamo **gramatical**). El nombre de **extranjerismo** se reserva para el **préstamo léxico** cuando la voz foránea se toma con la misma forma y pronunciación que **en la lengua original** o con una mínima adaptación fonética. Por otra parte, cuando lo que se incorpora no es una palabra individual, sino un grupo de palabras lo aconsejable es que se traduzcan al idioma receptor *(prime time > horario estelar)*, creándose así lo que se conoce como *calcos semánticos.*

■ Con la llegada de un extranjerismo a una lengua puede suceder que el término nuevo no suponga el desplazamiento de ninguna palabra existente en la lengua receptora o que desplace a otra ya existente. Cuando se da el primer caso, el préstamo se convierte en un procedimiento enriquecedor, ya que el neologismo sirve para expresar nuevos conceptos o para designar realidades nuevas. La incorporación de voces como *robot, apartheid, ayatolá* o *ayatola, barman, bonsái, chándal, chat, clip, complot, kamikaze, láser, módem, set,* etc. ha servido para incorporar conceptos nuevos al español, igual que en su momento lo hicieron términos procedentes de lenguas europeas, como *jardín, manjar, novela, soneto, guerra, orgullo,* o de lenguas americanas, como *cacique, tomate, huracán* o *tabaco,* sin olvidar las aportaciones del árabe como *azúcar, azul* o *alcoba*. Hay práctica unanimidad en considerar útil y necesario este tipo de préstamos.

■ Más discutido ha sido siempre, desde el punto de vista normativo, el caso de los extranjerismos que entran en competencia con voces ya existentes en la lengua receptora, sobre todo cuando la voz foránea no añade ningún matiz nuevo a la palabra autóctona: ¿por qué usar *interview* si disponemos de *entrevista*?, ¿qué añade *hall* que no tuviera *vestíbulo*? La actitud más general ante este tipo de términos ha sido la de rechazarlos por innecesarios, teniendo en cuenta además que en su adopción subyacen a menudo actitudes esnobistas, despectivas o simplemente poco reflexivas.

■ En cuanto a los préstamos semánticos y gramaticales, actúan a menudo de manera más sutil, por lo que no son tan fácilmente detectables como los extranjerismos. Los préstamos semánticos se producen cuando, por influencia de una palabra extranjera, se incorpora a una palabra existente en español un significado del que carecía.

5.3.1 Extranjerismos

■ Hay que diferenciar entre los que se consideran necesarios y los que resultan prescindibles. En el primer grupo están todos aquellos para los que no resulta fácil encontrar una voz o un giro equivalentes en español, así como los muy extendidos. En estos casos, se proponen las siguientes soluciones:

- Conservarlos con la grafía originaria: *blues, crescendo, sheriff, tory.* Al escribirlos, deben ponerse en cursiva o con algún otro tipo de marca que señale su carácter de voz foránea.
- Adaptarlos a la fonética y la ortografía españolas, ya sea simplificando la grafía original, ya marcando mediante la tilde la pronunciación que les corresponde: *chalé, ragú, crupier, esquí, máster.* En la escritura estas voces adaptadas no precisan de ninguna marca especial. Para la acentuación de los extranjerismos (▸ **2.2.5**); para el plural (▸ **3.1.2b**).

■ Se enumeran a continuación algunas propuestas gráficas para adaptar al español los extranjerismos:

Extranjerismo	Adaptación gráfica	Extranjerismo	Adaptación gráfica
baffle	bafle	*ping-pong*	pimpón
baguette	baguete	*pot pourri*	popurrí
bazooka	bazuca	*ragoût*	ragú
beefsteak	bisté	*rally, rallye*	rali
bloomer	blúmer	*roast beef*	rosbif
bungalow	búngalo o bungaló	*rock-and-roll*	rocanrol
by-pass	baipás	*choucroute*	chucrut
camping	campin	*scanner*	escáner
casting	castin	*scooter*	escúter
catering	cáterin	*sex-appeal*	sexapil
coktail	coctel o cóctel	*shampoo*	champú
croissant	cruasán	*sherpa*	serpa
disk jockey	disyóquey	*shoot*	chutar
feeling	filin	*slalom*	eslalon
gangster	gánster	*slogan*	eslogan
gimkana	yincana	*sky*	esquí

glamour	glamur	*smoking*	esmoquin
goal average	golaveraje	*snob*	esnob
hippie, hippy	jipi	*spleen*	esplín
jacuzzi	yacusi	*sprint*	esprín
lunch	lonche	*standard*	estándar
maître	metre	*starter*	estárter
marketing	márquetin	*status*	estatus
overall	overol	*store*	estor
paddle	pádel	*streptease*	estriptis o estriptís
parking	parquin	*stress*	estrés
pase-partout	paspartú	*sweater*	suéter
pedigree	pedigrí	*soufflé*	suflé
peppermint	pipermín	*zoom*	zum

■ En lo que respecta a los extranjerismos considerados superfluos o innecesarios, la recomendación es que se sustituyan por las voces equivalentes en español. Presentamos a continuación algunas de esas propuestas de sustitución:

Extranjerismo	Equivalente en español	Extranjerismo	Equivalente en español
baby-sitter	niñero o niñera, canguro	*ombudsman*	defensor (del pueblo, de los derechos humanos, del lector, etc.)
best seller	superventas	*output*	producto (final)
blog	bitácora	*overbooking*	sobreventa, sobrecontratación
blue jean	vaquero	*password*	contraseña
business	negocio, actividad comercial	*pay per view*	pago por visión
cash-flow	flujo de caja	*photo finish*	foto de llegada
copyright	derechos de autor, derechos de edición	*play-back*	(sonido) pregrabado
déshabillé	salto de cama	*play-off*	eliminatoria
display	demostración; pantalla de visualización	*pool*	consorcio, cooperativa, grupo, equipo
fast food	comida rápida	*prime time*	horario estelar
fair play	juego limpio	*revival*	resurgimiento, retorno, regreso
file	archivo	*ring*	cuadrilátero
feed-back	retroalimentación, realimentación, retroacción	*roulotte*	caravana, casa rodante, autocaravana
gentleman	caballero	*round*	asalto
gouache	aguada	*royalty*	regalía, canon, derechos
grill	parrilla; gratinador	*sex symbol*	símbolo sexual
hacker	pirata informático	*share*	cuota de audiencia
hall	vestíbulo, entrada, recibidor	*shopping*	compras
handicap	desventaja, obstáculo, impedimento; discapacidad	*short*	pantalón corto
hardware	equipo informático; componentes; soporte físico	*show*	espectáculo
hit	(gran) éxito	*showman*	animador, presentador
hobby	afición, pasatiempo	*single*	(disco) sencillo; individual; soltero

holding	grupo (empresarial)	skin, skinhead	cabeza rapada
hooligan	hincha violento	snack bar	cafetería
input	insumo	software	programas, aplicaciones informáticas, soporte lógico
jeep	todoterreno	speaker	altavoz
jet lag	desfase horario	speech	discurso, perorata
jogging	aerobismo	sponsor	patrocinador
lifting	estiramiento (facial)	sport	deporte; informal
light	bajo en calorías; suave, ligero	spot	anuncio, cuña comercial
link	enlace, vínculo	spray	aerosol
lobby	grupo de presión, grupo de cabildeo; vestíbulo	staff	plantilla, personal
lock-out	cierre patronal	stand	puesto, caseta; pabellón
mailing	buzoneo	stock	existencias, reservas
managemet	dirección, gestión, administración	stud	caballeriza, cuadra
match	partido	tour	viaje, gira, ruta turística
mobbing	acoso	tournée	gira
nursery	sala de cunas, nido	vendetta	venganza
off the record	a micrófono cerrado, confidencialmente, extraoficialmente	web	red; página electrónica, ciberpágina

5.3.2 El préstamo semántico

■ El préstamo semántico resulta más difícil de detectar, como hemos señalado, debido a que **actúa sobre una palabra ya existente en español,** que por influencia del término extranjero añade valores nuevos. Este tipo de influencias se debe a menudo a las traducciones apresuradas o poco cuidadosas.

• *Conferencia,* con el sentido de 'reunión de personas', se refería solo al encuentro de representantes de Gobiernos o de instituciones (la *conferencia episcopal, conferencia interministerial*), hoy se aplica a cualquier *congreso.*

• *Contemplar,* por influencia del inglés *to contemplate,* ha incrementado su uso con el valor de 'considerar', significado que ya tenía la palabra en español, pero era poco frecuente: *El gobierno* ⊗***contempla*** *la posibilidad de incrementar las cargas fiscales* (correcto: ***considera, estudia, prevé***).

• *Cualquier* significa 'uno indeterminado, sea el que sea', pero se emplea con el significado de 'todo' por influencia del inglés: *El acusado negó* ⊗***cualquier*** *relación con los hechos* (correcto: **toda**).

• *Discusiones* se usa como 'conversaciones'. Es una acepción no recomendada, pues puede crear ambigüedad: *Las partes acordaron proseguir las* ⊗***discusiones*** *a partir del próximo lunes* (correcto: *las* ***negociaciones,*** *las* ***conversaciones***).

• *Doméstico* se emplea con el significado de 'nacional' para referirse a los vuelos de avión cuyo destino es el propio país (ing. *domestic fly*). Es un uso no admitido; se debe sustituir por *vuelo* ***nacional.***

• *Envolver* (ing. *to involve*) se usa en lugar de *rodear* en expresiones como *las circunstancias que envuelven el caso, las incidencias que envuelven el campeonato.* La acepción ya está admitida.

• *Evento* significaba en español 'eventualidad, hecho imprevisto, suceso'; por influencia del inglés *event* ('cosa que sucede'), en español se usa como 'acaecimiento, hecho que sucede', acepción ya admitida: *Durante todo el año se programan eventos deportivos.*

• *Exclusivo* ha adquirido los valores de 'selecto', 'elegante', que no le corresponden. En español *exclusivo* significa 'único, solo, excluyendo a cualquier otro': *Se ha abierto un restaurante* ⊗***exclusivo*** (correcto: ***selecto, especial, elegante***).

• *Extender* se usa como sinónimo de *ampliar: Han* ⊗***extendido*** *el plazo para el pago de la contribución* (correcto: *han* ***ampliado***).

• *Honestidad* tradicionalmente tenía el significado de 'decencia', 'recato', 'pudor', pero por influencia del inglés ya se admite como sinónimo de *honradez.* No obstante, debe evitarse el uso del adverbio *honestamente* por *sinceramente, francamente: Te lo digo* ⊗***honestamente*** (correcto: ***sinceramente***).

• *Impacto* es el choque de un proyectil o de otro objeto contra algo y también la huella que deja ese choque; en su uso metafórico, debe conservar ese valor de intensidad y sorpresa; pero por influencia del inglés se emplea en contextos neutros, sustituyendo a términos más precisos, como *efecto, repercusión, consecuencia, reflejo: Se estudia el* ⊗***impacto*** *de las medidas económicas tomadas el año pasado* (correcto: ***efecto,*** *la* ***repercusión***).

• *Jugar un papel* se considera calco del francés *(jouer un rôle)* o del inglés *(play a role).* Está aceptado por su arraigo en la lengua culta, aunque se aconseja emplear otros verbos, como *hacer, desempeñar* o *representar: Los sindicatos han* ⊗***jugado*** *un papel decisivo en el acuerdo* (correcto: *han* ***desempeñado***).

• *Levantar dudas* es otro préstamo de influencia inglesa *(to arouse doubts)* o francesa *(soulever des doutes).* En español el sustantivo *dudas* se combina con verbos como *suscitar, surgir, provocar, sembrar, despertar: La jugada puede* ⊗***levantar*** *dudas, pero el árbitro acertó* (correcto: ***suscitar*** *dudas*).

• *Mayor* se usa sin valor comparativo por influencia del inglés: *Se trata de un tema* ⊗***mayor*** (correcto: *un tema* ***importante***).

• *Peculiar* se usa en contextos que corresponden a *extraño, raro: Lo que ocurrió fue algo* ⊗***peculiar*** (correcto: *algo* ***extraño***).

• *Pobre* ha ampliado sus significados tradicionales con el de 'malo', en ejemplos como *un* ⊗***pobre*** *resultado* (correcto: ***mal*** *resultado*).

• *Promover,* por influencia del inglés *to promove,* desplaza innecesariamente a verbos más precisos, como *convocar, fomentar, organizar, promocionar: Los jóvenes* ⊗***promueven*** *el lenguaje de los sms* (correcto: ***fomentan, promocionan***).

• *Puntual* se usa por *concreto, preciso, esporádico, limitado a un caso individual.* Es un uso no admitido aún: *Se trata de un caso* ⊗***puntual*** (correcto: *un caso* ***concreto, esporádico***).

• *Remover,* en lenguaje informático, se emplea con el significado de 'borrar, suprimir, eliminar'. Es uso no aceptado: ⊗***Remueva*** *el contenido de este archivo* (correcto: ***borre*** *el contenido,* ***suprima*** *el contenido*).

• *Romance* por influjo del inglés se usa ya desde hace tiempo en español con el significado de 'episodio amoroso de breve duración': *Las revistas han publicado el* ***romance*** *entre la acriz y el cantante.* La acepción se ha incluido en el diccionario, pero no debe sustituir a términos tradicionales como *idilio, amorío, aventura amorosa.*

• *Santuario* ha tomado del inglés el significado de 'espacio natural regulado legalmente para la conservación de especies', valor que el español ha importado del inglés: *Las islas Galápago son el* ⊗***santuario*** *de varias especies de tortuga.* Es un uso aún no admitido en la norma culta; debe usarse en su lugar *reserva, espacio protegido.*

• *Salvar,* en el lenguaje informático se emplea con el significado de *guardar* o de *grabar: Conviene que cada poco tiempo* ⊗***salve*** *el trabajo que está realizando* (correcto: ***guarde*** *el trabajo* o ***grabe*** *el trabajo*).

• *Sensible* se usa con el significado de 'importante', acepción anglicada que no registra el diccionario: *Hay una* ⊗***sensible*** *diferencia entre los dos candidatos* (correcto: *una* ***importante*** *diferencia*).

• *Severo* se usa en plural con el significado de 'mucho' o 'grave', usos incorrectos de origen inglés que deben sustituirse: *El año pasado tuvo* ⊗***severos*** *problemas laborales* (correcto: *tuvo* ***muchos*** *problemas,* o bien, *tuvo* ***importantes*** o ***graves*** *problemas*).

• *Soportar,* en el lenguaje informático, se usa para expresar la compatibilidad de un programa con otro. No es aceptable en usos como *Windows* ⊗***soporta*** *Photoshop* (correcto: *Windows* ***es compatible*** *con Photoshop*). En el mismo sentido, no es aceptable el sustantivo *soporte* en expresiones como ⊗*soporte técnico,* ⊗*soporte telefónico* en lugar de *asistencia técnica, asistencia telefónica* o incluso ⊗*soporte al cliente* en lugar de *atención al cliente.*

5.3.3 El préstamo gramatical

■ Por lo que respecta a los préstamos gramaticales, la influencia no es tan abundante como en el léxico, pero también resulta más difícil de detectar. El resultado de un préstamo gramatical puede ser la aparición de una estructura inexistente en la lengua original, la modificación de una ya existente o, simplemente, la mayor frecuencia de uso de una estructura que ya existía en la lengua original, pero se usaba muy poco o estaba restringida a determinados contextos. Como ejemplo de este último caso se puede citar la generalización que está teniendo en español el uso del gerundio como único verbo de la oración, en secuencias como *descargando archivo, llamando a casa* o *bailando con lobos;* el gerundio como verbo principal solo era aceptable antes como pie de foto o comentario de una imagen.

■ Señalaremos a continuación algunas estructuras de influencia foránea que no se consideran recomendables en español.

- La mayor parte de ellas son **influencia del inglés,** a la cual se debe la extensión del gerundio ya descrito o el que aparece en construcciones equivalentes al llamado presente continuo inglés *(La reunión está siendo seguida por numeroso público),* la mayor frecuencia de la pasiva directa *(Las prendas robadas fueron entregadas a sus legítimos propietarios),* el empleo del artículo en expresiones en las que el español no lo requiere *(Yo soy* ⊗*un actor,* en lugar de *Yo soy actor*), el empleo de posesivos donde el español usa el artículo *(Tómate* ⊗*tu tiempo* por *tómate el tiempo que necesites; Me comeré* ⊗*mi comida* en lugar de *Me comeré la comida)* o la inserción de los adverbios en los tiempos compuestos *(El presidente ha* ⊗*repetidamente señalado que…* por *El presidente ha señalado repetidamente…).*
- Son **influencias sintácticas del francés** las construcciones de sustantivo + *a* + sustantivo (▶ 3.6) *(cocina a gas, barco a vapor)* o de sustantivo + *a* + infinitivo (▶ 3.6) *(asuntos a resolver, trabajos a imprimir, papeles a firmar),* así como otras construcciones como ⊗*Es por eso que.*

• Se considera **influencia del catalán** el uso del verbo *hacer* con complementos que en español corresponden a otros verbos: *hacer una película en el cine* 'proyectar, poner una película', *hacer la basura* 'sacar la basura', *hacer buena cara* 'tener buena cara', *hacer una conferencia* 'pronunciar una conferencia', *hacer miedo* 'dar miedo', *hacer vacaciones* 'tomarse vacaciones', etc. También se considera catalanismo la concordancia del verbo *haber* en oraciones impersonales (▶ **4.2.4**) y algunos usos dequeístas (▶ **4.3.1**).

5.4 Redundancia

■ Se denomina redundancia a la **repetición de la misma información** en un mensaje. Cuando alguien dice *¡Entra adentro!*, está repitiendo con el adverbio la misma información del verbo *entrar*, cuyo significado es 'pasar adentro'.

■ Se trata de un mecanismo necesario en la comunicación, mediante el cual el emisor intenta asegurarse de que el contenido transmitido llegue al receptor de manera completa, reduciendo las inevitables pérdidas que supone la transmisión de la información. En el lenguaje escrito, son redundantes determinados recursos tipográficos: un texto escrito con letras mayúsculas, con cursivas o con letra negrita aporta la misma información que ese mismo texto con letra normal; sin embargo, estos recursos tratan de asegurar que el contenido del texto llegará de la mejor forma posible al lector.

■ Un tipo de redundancia obligatoria es la llamada **redundancia gramatical.** En español —como en el resto de lenguas derivadas del latín— es redundante la concordancia: en un enunciado como *L**as** camis**as** nuev**as** está**n** planchad**as*** la información de género femenino se repite en cuatro palabras y la de número en las cinco (compárese con el inglés, donde solo una marca sirve para indicar pluralidad *The new shirt**s***).

■ La **redundancia léxica** es la reiteración mediante otra palabra del contenido que ya conlleva una unidad aparecida antes. Un tipo particular de redundancia es la que se usa para producir un efecto expresivo o intensificador: aunque es claro que uno sólo puede ver con los propios ojos, no resulta igual de convincente una expresión neutra como *Lo vi* que la redundante *Lo vi con mis propios ojos;* probablemente el efecto que se consigue con una orden como *¡Sube para arriba!* sea más eficaz que la del simple *¡Sube!* Para este tipo de redundancias se reserva el nombre de *pleonasmo*. Son pleonasmos también los llamados complementos internos: *vivir una vida, dar un portazo a la puerta, correr una carrera, soñar un sueño*. Otras redundancias, a veces criticadas, cumplen la función pragmática de ayudar al receptor a interpretar el mensaje: decir *aterido de frío* es redundante, pues *aterido* significa 'pasmado de frío', pero al añadir el complemento estamos tratando de facilitar la interpretación del mensaje ante un eventual desconocimiento del significado del término por parte del receptor. Pueden considerarse redundancias que cumplen esta función las de ejemplos como *mendrugo* ***de pan, hijo*** *primogénito, bifurcarse* ***en dos,*** *crespón* ***negro,*** *divisas* ***extranjeras,*** *deambular* ***sin rumbo,*** *estafeta* ***de correos,*** *macedonia* ***de frutas,*** *nexo* ***de unión,*** *colofón* ***final,*** *monopolio* ***exclusivo,*** etc.

■ Deben evitarse, sin embargo, las redundancias cuando no aportan ni efectos pragmáticos ni expresividad al enunciado, sino que sirven únicamente de relleno a la expresión. Se trata con frecuencia, además, de expresiones que se generalizan y se convierten en meros clichés.

■ Algunas de las redundancias frecuentes en el español actual son las siguientes (los elementos redundantes y, por tanto, suprimibles van marcados con negrita):

- *a la misma vez*

  El adjetivo *misma* es redundante; basta con decir *a la vez.*

  Nunca antes en la historia, el contacto de la población con los centros de decisión política había sido tan inmediato y, a la ⊗**misma** vez, tan indirecto.

- *a menudo, frecuentemente, con frecuencia*

  Son expresiones pleonásticas cuando se usan con verbos que indican acción que se hace repetidamente por costumbre, como *soler, frecuentar, acostumbrar,* etc.

  Lo que ⊗**frecuentemente** suele suceder es que a algunos de los dos padres les dé miedo tener relaciones sexuales durante el embarazo.

- *a un mismo tiempo*

  Cruce de dos estructuras de igual significado: *a un tiempo* y *al mismo tiempo.*

  Aquel otoño criollo de un mayo francés terminaba, como todo movimiento que intenta vender a un ⊗**mismo** tiempo dogmas y libertad, en un caos amorfo.

- *accidente fortuito*

  Solo si se trata de un suceso fortuito puede hablarse de accidente; si no, es un *suceso,* un *incidente,* etc.

Como Vuestra Excelencia ya sabe, un accidente ⊗**fortuito** y lamentable costó la vida a los cinco geólogos que realizaron la investigación conmigo.

- *actualmente en vigor*

En vigor quiere decir que 'rige, se usa o es válido en el momento de que se trata'. Solo es necesario especificar la vigencia para referirse a momentos diferentes del que se habla: *en vigor hasta 1958; en vigor durante el siglo pasado.*

Sabemos que la policía no puede intervenir porque las leyes ⊗**actualmente** en vigor, lo impiden.

- *adelante*

Es redundante cuando se combina con palabras que contienen la idea de 'hacia delante', como *proseguir adelante, progresar adelante.*

Descendía manoteando cuando divisó en tierra a la ciega quien, como si dirigiera el estreno de sus alas, le hacía señas de proseguir ⊗**adelante**.

- *aproximadamente*

Este adverbio cuantificador resulta redundante si se combina con otras expresiones que indican cantidad estimada o aproximada:

Es ⊗**aproximadamente** unas diez veces mayor.

Más de 600 caballos, yeguas y poneys de ⊗**aproximadamente** unas 150 ganaderías están presentes en la VII edición del salón internacional del caballo.

- *antecedentes previos*

El *antecedente* de un hecho es aquello que ha ocurrido con anterioridad y que se usa para comprender ese hecho o valorarlo. Por tanto, es redundante el adjetivo *previo.*

(...) se ha visto envuelto en un nuevo escándalo tras la desaparición de unos documentos confidenciales sobre los antecedentes ⊗**previos** de la actriz.

- *arrecido de frío, aterido de frío*

Arrecirse es 'entumecerse por exceso de frío'; *aterir* es 'pasmarse de frío'.

Se le saltaban las lágrimas y, cuando se calló, los dientes le castañeaban como si estuviera arrecida ⊗**de frío.**

- *asesinato premeditado*

Un *asesinato* es un acto alevoso que causa la muerte de una persona y la *alevosía* es la 'cautela para asegurar la comisión de un delito, sin riesgo para el delincuente', lo que supone premeditación.

(...) lo que apoya la versión de que se trató de un asesinato ⊗**premeditado** y selectivo de los servicios secretos.

- *autopsia de un cadáver*

Solo se pueden realizar autopsias a los cadáveres.

En la vista declaró el médico forense que practicó la autopsia ⊗**al cadáver** del anciano.

- *beber líquidos*

Beber significa 'ingerir un líquido', por lo que el complemento debe ser la especificación del líquido: *bebe vino, bebe limonada.*

Gua aprendió a comer correctamente con la cuchara, a beber ⊗**líquidos** en un vaso, a jugar a la comba y a abrir las puertas.

- *cita previa*

Se define *cita* como la 'asignación de día, hora y lugar para verse y hablarse dos personas'. Por tanto, *pedir cita* implica acordarla previamente. A menudo se usa *cita previa* para referirse a la que se solicita telefónicamente en organismos públicos, como hacienda, hospitales, etc.

Si su declaración es abreviada o simplificada y quiere que se la confeccionemos gratuitamente, deberá pedir cita ⊗**previa** en el teléfono indicado.

- *colofón final*

El significado de *colofón* es el 'remate final de un proceso'.

Como colofón ⊗**final** actuarán Mente en Blanco junto a los eibarreses Su ta Gar.

- *completamente, por completo, absolutamente*

Es pleonástico combinar estas expresiones con adjetivos que ya contienen en su significado la idea de totalidad, como *abarrotado, repleto, colmado, atestado, colapsado* y similares, así como con otros que no admiten gradación, como *gratis, innecesario*. Se usan a menudo con valor enfático con verbos como *suprimir, desaparecer, ignorar, evitar, diluir, desaparecer, eliminar, descartar,* etc.

Y por el transporte, no os preocupéis: tenéis también, ⊗**completamente** gratis, hasta tres portes para que los regalos lleguen a casa.

Llegamos a las once de la noche al palacio de los deportes, que estaba ⊗**completamente** abarrotado de público.

Bonilla dijo que este punto creará un gran conflicto debido a que tanto la Cámara de Industria como la de Comercio, están pidiendo que desaparezca ⊗**por completo** dicho impuesto.

- *conocer por primera vez*
Conocer implica la idea de acceder a un conocimiento que no se tenía previamente, por lo que resulta redundante el complemento temporal.

La inexistencia de ríos en la Isla la habían convertido en 1962, cuando el redactor de este artículo la conoció ⊗**por primera vez** en un terreno semidesértico.

- *constelación de estrellas*
Una constelación es un 'grupo de estrellas'. Se abusa de esta redundancia cuando *estrella* tiene el valor metafórico de 'personaje famoso del mundo del cine, el espectáculo, etc.

Rodeado de **una** ⊗**constelación de estrellas** de Hollywood como los actores Robert De Niro, Ben Affleck y Glenn Close, (...) Gore y su esposa Tipper saludaron a la multitud.

- *crespón negro*
Un *crespón* es una 'tira o lazo de tela negra', por tanto, es redundante hablar de *crespones negros*.

Las casas de los Llanos estaban con banderas a media asta con crespón ⊗**negro**, por la muerte de Guadalupe Salcedo.

- *de antemano, con antelación, por adelantado*
Son locuciones redundantes combinadas con palabras en cuyo significado esté la idea de anterioridad, especialmente con las formadas por el prefijo *pre-: prever de antemano, predecir con antelación, previsión por adelantado, presagiar con antelación, avisar con antelación, reservar de antemano*, etc.

Además de ver a Clinton, su viaje, previsto ⊗**con antelación**, incluye una visita a la sede de la ONU.

- *de nuevo, nuevamente, otra vez*
Son expresiones pleonásticas cuando se combinan con palabras que denotan repetición, en particular con las prefijadas con *re-: repetir ⊗de nuevo, reiniciar ⊗de nuevo, reaparecer ⊗nuevamente.*

Tal como el Mefistófeles del Fausto, queriendo hacer el mal hará siempre el bien, porque sus esfuerzos aniquiladores sólo servirán para reproducir ⊗**de nuevo** más y más.

- *dentro* y *adentro*
Se consideran pleonasmos cuando se combinan con verbos

como *entrar, introducir(se), meter(se)*. No obstante, pueden ser aceptables cuando tienen una intención expresiva.

El representante de la gestora cogió una cubitera de hielo que había en la sala e introdujo ⊗**dentro** cuatro trozos de papel doblados con los nombres de los cuatro candidatos.

Pero la verdad es que no acababa de sanar, aunque ya medio que podía trabajar, ir de un lugar al otro y hasta meterse ⊗**dentro de** la pesada armadura (correcto: **en**).

- *deambular sin rumbo*
  Deambular indica un modo de andar sin dirección determinada, esto es, sin rumbo.

  (...) varios que prefieren jugar fútbol y otros tantos a los que les gusta deambular ⊗**sin rumbo fijo.**

- *diferentes, distintos, diversos*
  Estos adjetivos se usan con mucha frecuencia de forma redundante cuando aparecen en grupos nominales junto con un numeral.

  Por tanto, añade un tercio a la cifra anterior, y obtiene así la escalofriante cantidad de 41.389 especies ⊗**distintas** de artrópodos por hectárea de bosque.

- *divisas extranjeras*
  Las *divisas* son las monedas extranjeras, no hace falta especificarlo.

  En realidad, toda la operación parece una reforma monetaria destinada a recolectar las divisas ⊗**extranjeras** que pueda todavía tener la población.

- *doblar a muerto*
  Referido a las campanas, *doblar* significa ya 'tocar a muerto'.

  ¿Por quién doblan las campanas? Cuando las oigas que doblan ⊗**a muerto** no preguntes quién se ha muerto, te has muerto tú.

- *edad longeva*
  El adjetivo *longevo* significa 'muy anciano o de larga edad', por lo que resulta redundante como complemento del sustantivo *edad.*

  (...) y finalmente gobernar hasta que en edad ⊗**longeva** muere en la cama sin haber dejado de ser jefe del Estado (preferible: edad avanzada).

- *erario público*
  El significado de *erario* es 'tesoro público'. *Erario* admite adjetivos como *municipal, nacional, comunal,* etc., pero no *público.*

Es mucho lo que la provincia aporta al erario ⊗**público** y poco lo que recibe a cambio.

- *error involuntario*

El error, por naturaleza ha de ser involuntario. Si no es así, no es un error, sino un acto malintencionado o una falta o descuido premeditados.

Un solo error ⊗**involuntario** en el *software* de un nanoordenador, de una nanomáquina, que entre en *loop* generando sustancia tóxica para el hombre podría resultar en su propia destrucción.

- *especial hincapié*

El sustantivo *hincapié* conlleva la idea de insistencia en algo que se afirma, se propone o se encarga. Por tanto, supone una atención especial.

(...) hizo ⊗**especial** hincapié en los problemas a los que se enfrenta la economía.

- *exultante de alegría, de gozo, de satisfacción*

El significado de *exultante* es 'que muestra gran alegría o satisfacción', por lo que los complementos resultan redundantes.

(...) con quien dijo que acababa de hablar por teléfono y estaba exultante ⊗**de alegría.**

- *falso pretexto*

Pretexto tiene el significado de 'causa simulada', por lo que siempre es falso. Puede servir como recurso pleonástico.

Y al regresar a Barcelona, me di cuenta de que los ⊗**falsos** pretextos que utilicé a menudo para ocultarme en un baño.

- *fuera, afuera*

Se consideran pleonasmos cuando se combinan con verbos como *salir, escaparse* u otros de significado similar. No obstante, puede ser aceptable cuando tiene una intención expresiva.

¿Cómo veía Cerpa y su grupo la posibilidad de poder salir ⊗**fuera** del país?

- *funcionario público*

Un *funcionario* es una 'persona que desempeña profesionalmente un empleo público'. No puede haber, por tanto, funcionarios privados.

El tema de fondo es que han desaparecido los tiempos en los que un funcionario ⊗**público** era calificado por lo mucho que gastaba en un problema concreto.

- *hecho real, práctico*

Un *hecho* es una 'acción u obra', una 'cosa que sucede', por lo que ha de ser real; y, por eso mismo, no puede ser teórico. Puede aceptarse, sin embargo, decir que una obra de ficción está basada en un *hecho real,* para indicar que se ha tomado el argumento de algo ocurrido en la realidad.

Consecuencia teórica de este hecho ⊗**práctico** son las constantes disputas en relación a la naturaleza y características de la TV que, desgraciadamente, son el aspecto menos tratado en la bibliografía especializada.

El traspaso del centrocampista blanquiazul Roberto al Atlético de Madrid ya es un hecho ⊗**real**.

- *hijo primogénito*

Primogénito significa 'hijo nacido en primer lugar'. Para diferenciar entre hijos según su momento de nacimiento, debe usarse *hijo mayor* frente a *mediano* o *pequeño.*

Sin embargo, en el caso del sacrificio de Abraham sí coinciden los tres textos. En ellos se dice que Dios ordenó al padre de las tres religiones entregarle a su ⊗**hijo** primogénito.

- *hipotético supuesto*

Un *supuesto* es una 'suposición', por lo que es siempre de carácter hipotético.

Pensaba explayar su filosofía acerca de la protección del casco urbano de Santa Inés en el ⊗**hipotético** supuesto (...) de que la localidad padeciese asedio.

- *hueco vacío*

Hueco como sustantivo significa 'espacio vacío en el interior de algo', por lo que ya está vacío.

Durante la conmemoración del aniversario fundacional de la Falange Española era visible un hueco ⊗**vacío** en el banco azul, el correspondiente al ministro de Información.

- *idiosincrasia propia, particular*

La idiosincrasia la constituyen los 'rasgos, el temperamento, el carácter, etc., distintivos y propios de un individuo o de una colectividad'.

Comentaba las dificultades de la integración y la amenaza que podía suponer la inmigración masiva a nuestra ⊗**propia** idiosincrasia.

- *insistir reiteradamente, de nuevo, una vez más*

El significado de *insistir* es 'instar reiteradamente', 'repetir', lo que convierte en redundantes los complementos señalados.

Duhalde recordó que el intendente Jorge Izarra le insistió ⊗**reiteradamente** sobre esta vital cuestión.

- *interrelacionados entre sí, unos con otros* y similares

Es redundante el empleo de estas secuencias como complemento de palabras prefijadas con *inter-: interrelacionados entre sí, intercomunicados entre sí,* etc. El prefijo *inter-* significa 'entre'.

Este concepto comprende dos conjuntos de aspectos distintos, pero interrelacionados ⊗**entre sí.**

- *kilos de peso*

De peso es un complemento redundante cuando se coloca tras unidades que expresan esta magnitud: *tonelada de peso, kilos de peso, gramos de peso,* etc.

(...) han realizado 1.400 kilómetros de dura travesía a pie, tirando de un trineo con 80 kilos ⊗**de peso.**

Dos prensas hidráulicas trasladaron su «filigrana blanca» (como se denomina a la monumental pieza de 800 toneladas ⊗**de peso**).

- *macedonia de frutas*

Macedonia significa 'ensalada de frutas'.

Añade el arroz ya cocido y la macedonia ⊗**de frutas** escurrida. Mezcla suavemente.

- *mendrugo de pan*

Referido al pan, un *mendrugo* es un pedazo duro o que se desecha.

(...) sin importar que su reflejo esconda la cara sucia del que nada tiene y todo lo anhela, auún un mendrugo ⊗**de pan** para sus hijos.

- *monopolio exclusivo*

Monopolio se define como la 'concesión otorgada por la autoridad competente a una empresa para que esta aproveche con carácter exclusivo alguna industria o comercio'.

La seguridad pública es monopolio ⊗**exclusivo** del Estado.

- *nexo de unión*

Un *nexo* es un nudo, un lazo, una unión.

El Patrimonio geológico nos permite establecer el nexo ⊗**de unión** entre la historia de la Tierra y la historia del Hombre.

- *objetar en contra*

En el significado de *objetar* ya está incluida la idea de ponerse en contra de algo.

No les resulta imprescindible que el reparto esté encabezado por estrellas consagradas (aunque por supuesto no tendrían nada que objetar ⊗**en contra**).

- *opinión personal*

  Es un pleonasmo la combinación del posesivo *mi* y el adjetivo *personal,* usada pragmáticamente como refuerzo expresivo.

  Mi opinión ⊗**personal** es que se dan las circunstancias que justifican una actitud comprensiva y generosa de la sociedad.

- *parte integrante*

  Una *parte* es una 'porción de un todo', por lo que necesariamente ha de ser *integrante.*

  La música y los bailes forman parte ⊗**integrante** de la vida social de la ciudad.

- *peluca postiza*

  Las pelucas son siempre postizas.

  Quedó completamente calvo, sin un pelo en todo el cuerpo, y se puso una peluca ⊗**postiza.**

- *persona humana*

  Es redundante, salvo si *humana* se emplea como 'comprensiva, sensible a los infortunios ajenos'.

  (...) aumentando así el sentimiento de vergüenza, de impotencia y de indignación de todos aquellos que creemos en la dignidad de la persona ⊗**humana** y en el respeto del derecho.

- *personalmente*

  Es redundante cuando el hablante lo usa para expresar opiniones propias, a menudo precedido o seguido de pronombres personales de primera persona, *yo, a mí.*

  Uno tiene una responsabilidad muy fuerte, porque le piden resultados. Pero yo ⊗**personalmente** me inclino por la honestidad.

  A mí, ⊗**personalmente,** me parece que la extradición es una monstruosidad.

- *plan futuro*

  El adjetivo resulta redundante combinado con sustantivos que contienen la idea de futuridad, como *plan, proyecto, propósito, intención, deseo,* etc.

  En el plan ⊗**futuro** de Oscura figuraba el largarse cuanto antes a la capital a coger otros oxígenos.

- *protagonista principal, directo*

  El *protagonista* siempre es el personaje principal, sobre el que recae directamente la acción que se narra o que sucede.

El argentino, actor de reparto en tareas ofensivas por la exigencia del guión, se convirtió en protagonista ⊗**principal** cuando la prórroga llegaba a su fin.

Durante su etapa como ministro de la Guerra fue protagonista ⊗**directo** de dos acontecimientos relevantes.

- *puño cerrado*

No hay puños abiertos, ya que *puño* es la 'mano cerrada'. Aunque en ocasiones puede considerarse pleonasmo por usarse con valor expresivo, debe evitarse el adjetivo cuando no aporta ese valor añadido.

El lenguaje de los gestos debe de ser amable, evitando señalar con el dedo índice o amenazar con el puño ⊗**cerrado.**

- *regalo gratuito, gratis*

Es redundante la combinación de estos adjetivos con sustantivos como *regalo, obsequio, donación* y otros en cuyo significado está la idea de gratuidad.

Se entregará un obsequio ⊗**gratuito** a todos los asistentes.

- *rodeado por todas partes*

Rodear es 'cercar algo cogiéndolo en medio'. Constituye un pleonasmo complementarlo con *por todas partes.*

El poeta griego lírico por excelencia, sin embargo, no nació ni murió en Grecia, sino en Alejandría, Egipto, rodeado ⊗**por todas partes** del mundo árabe.

- *testigo presencial, directo*

Un testigo es una 'persona que presencia o adquiere directo y verdadero conocimiento de algo', por lo que el adjetivo *presencial* está contenido en el significado.

Uno de los viajeros, que manifestó haber sido testigo ⊗**presencial** de los hechos, relató que el Ejército afgano utilizó helicópteros de combate.

- *túnel subterráneo*

Es redundante el adjetivo si atendemos a la definición de *túnel:* 'vía subterránea abierta artificialmente para el paso de personas y vehículos'. *Túnel* se puede usar con otros complementos como tecnicismo, como *túnel aerodinámico* o *túnel de lavado;* se podría añadir el *túnel de vestuarios,* aún no recogido en el diccionario.

El Museo está unido por medio de un túnel ⊗**subterráneo** al teatro y anfiteatro de la antigua Emérita Augusta.

- *utopía inalcanzable*

  Una *utopía* es un 'plan, proyecto, doctrina o sistema optimista que aparece como irrealizable en el momento de su formulación'.

  Sentía la verdadera amistad como una utopía ⊗**inalcanzable**, espejismo lleno de sufrimiento, esfuerzo sobrehumano jamás recompensado.

- *volver a reiterar, repetir, reiniciar, reproducir, releer, reafirmar, retomar,* etc.

  Uno de los valores del prefijo *re-* es el de indicar repetición de la acción, por lo que es redundante usar verbos con este prefijo con la perífrasis reiterativa *volver a.*

  Toma nuevo impulso y ⊗**vuelve a repetir** la operación con redoblado brío (correcto: **repite**).

6

Aspectos estilísticos

Guía práctica del español correcto

Instituto Cervantes

6 § Aspectos estilísticos

■ Este último capítulo se dedica a repasar algunos de los principales fenómenos que afectan al estilo de los textos, en particular al de los textos escritos. Claro es que los aspectos que aquí vamos a considerar se escapan del plano estrictamente normativo, pues no pueden ser considerados incorrecciones. En uno de sus significados, *estilo* es la 'manera peculiar de escribir o de hablar de un escritor o un orador' y, desde esta perspectiva, es un rasgo de identidad, individual e individualizador, que con dificultad puede someterse a cánones. Pero también se entiende por *estilo* el 'gusto, elegancia o distinción de una persona o cosa', acepción que, además de permitir diferenciar entre estilos según la elegancia que porten y transmitan, justifica que en una obra sobre el español correcto se contengan recomendaciones para mejorar el modo de expresión.

■ Hay estilos más cuidadosos y estilos menos aliñados y, aunque no puede establecerse un patrón rígido en este punto, sin duda hay consenso en considerar alejados de la norma culta escrita prácticas como el empleo de neologismos innecesarios, que a veces no son sino simple manifestación de la pobreza léxica del autor. De igual modo, no corresponde a un estilo cuidado recurrir a los tópicos, a los lugares comunes, a las metáforas manidas y, en general, a todo ese conjunto de expresiones vacías usadas como relleno para hinchar artificialmente el texto, que van en contra de la naturalidad y de la concisión (▸ 5.4).

6.1 § Cacofonía y rima interna

■ Estos dos fenómenos tienen que ver con el efecto que producen las palabras al ser pronunciadas. El **sonido desagradable que origina la cercanía de sonidos de similar pronunciación** dentro de un texto recibe el nombre de *cacofonía;* y hablamos de *rima interna* en un caso particular de cacofonía que ocasiona la **repetición** del mismo sufijo o **de la misma terminación de palabras cercanas.** Aunque se pueden utilizar como recurso expresivo en el lenguaje literario, tanto la cacofonía como la rima interna deben evitarse en el lenguaje común por los efectos no deseados que origina. El siguiente enunciado puede servir de ilustración:

Ni llegó en forma física ni la ates**ora** ah**ora**; quizá entre **me**dias **me**jorara, pero por el motivo que sea ha vuelto a **perderla** y a **perder** **co**ordinación **co**n el juego **co**lectivo.

■ Entre otros aspectos, en el texto se reitera la palabra *perder* de forma consecutiva, terminan de la misma manera *atesora* y *ahora,* y se repite la sílaba *me* en *medias* y *mejorará,* que también van seguidas, y *co* en *coordinación, con* y *colectivo,* todas muy próximas. Si se lee en voz alta, es un texto que cuesta pronunciar y sonoramente produce un efecto poco agradable, sin duda no deseado por el autor.

■ La cacofonía y la rima interna suelen estar ocasionadas por factores como los que se enumeran a continuación, ante los cuales el autor del texto ha de estar alerta:

- La repetición de la misma sílaba en palabras próximas en un texto, como hemos visto en el anterior.
- La similitud o igualdad de sílabas al final de una palabra y al comienzo de la siguiente:

  Vinieron unas chi**cas cas**adas y más tarde llegaron o**tras tras** las primeras.

- La repetición del mismo sufijo o la misma terminación, sobre todo si se colocan ante pausa:

  Disfrutamos con pasi**ón** de la tarea de la correcci**ón.**

  Se ha publicado ya la sent**encia** de la audi**encia** de Val**encia.**

- La abundancia de adverbios terminados en *-mente* en un mismo enunciado o en enunciados contiguos:

  Normal**mente,** está asegurado permanente**mente** el capital, salvo en los casos anterior**mente** descritos.

- La acumulación de gerundios, por el efecto cargante que produce su sonora terminación:

  Lleg**ando** a este punto, se defendió dici**endo** que era inocente, argument**ando** que todo había sido una confabulación contra él y agreg**ando** que no merecía ese trato.

§ 6.2 Pobreza de vocabulario

■ La pobreza de vocabulario es un defecto de estilo que está relacionado con el conocimiento y dominio del léxico. Se manifiesta de diversas formas: en la **reiteración** de una misma palabra en un texto, en el empleo de vocablos de amplio espectro significativo, pero poca precisión semántica, e incluso en la creación de voces «personales» o neologismos innecesarios.

■ La presencia de la misma palabra en un texto, sobre todo si la repetición se produce a poca distancia, provoca un efecto de pesadez y es causa de que la lectura se haga fatigosa. Para evitarla, basta con sustituir la voz en cuestión por sinónimos o emplear giros sintácticos alternativos.

Todas las instrucciones o informaciones publicadas, o que se publiquen a lo largo de la *promoción*, formarán parte de los términos y condiciones de la *promoción*.

No estando en su ánimo, Ediciones X, se reserva el derecho de cancelar parcial o totalmente la *promoción* si por causas de fuerza mayor, o cualesquiera otras ajenas a su voluntad, fuera necesario.

La participación en esta *promoción* supone la aceptación por parte del participante de la totalidad de los términos y condiciones de la *promoción*.

■ El texto resulta poco cuidado estilísticamente por la machacona repetición del término *promoción* —cinco veces en un fragmento tan breve—, a lo que hay que sumar la presencia de cacofonías y las rimas internas (▶ **6.1**) y otros defectos, como el abuso del gerundio (▶ **4.4.4**). Todo ello contribuye a que el texto resulte poco claro y, en consecuencia, disminuya su eficacia comunicativa.

■ Otro signo de pobreza léxica es el abuso de la secuencia ***no* + sustantivo,** recurso este tras el que se esconde a menudo simple indolencia para buscar la palabra adecuada ya existente en la lengua. Proliferan en los medios de comunicación expresiones como las siguientes: el *no apoyo* de alguien a algo, la *no aprobación* de una ley o un decreto, la *no aceptación* de una propuesta, la *no asistencia* de alguien a un acto, la *no comparecencia* de alguien en algún lugar, la necesidad de la *no violencia,* el *no compromiso* de alguien con algo, la *no discriminación* contra ningún grupo o persona, la *no proliferación* de armas, la *no renovación* de una licencia, la *no supresión* de una obligación. Etcétera.

■ Los que abusan de este recurso parece que desconocieran la existencia de los prefijos negativos, como *des-*, *in-*, *a-*, que sirven para negar el elemento al que se adjuntan: en español la *no comparecencia* recibe el nombre de *incomparecencia,* la *no asistencia* se llama *inasistencia* y hablamos de *disconformidad* para expresar que no hay conformidad o acuerdo. Olvidan también que existen los antónimos, que se emplean para expresar la idea opuesta: la *no presencia* siempre se ha llamado *ausencia* y se denomina *rechazo* o *desestimación* lo que ahora algunos han dado en llamar *no aprobación.* Desconocen, tal vez, que la lengua dispone de estructuras sintácticas que permiten expresar la idea de oposición mediante una fórmula semánticamente más precisa y estilísticamente más rica: véase si no el difuso y ambiguo *no compro-*

miso, tras el que no sabemos si se esconde una *falta de compromiso*, un intento de *esquivar responsabilidades* o es que sencillamente se trata de *escurrir el bulto.*

■ También es muestra de pobreza léxica el abuso de palabras de amplio contenido significativo, pero poca precisión semántica. Es el caso de sustantivos como *cosa, cuestión, tema* y otros, y de verbos como *hacer, tener, decir, dar, echar,* etc., que reciben el nombre de **palabras comodín,** pues se usan para reemplazar a cualquier otra. Un texto adecuado estilísticamente es aquel que, sin necesidad de caer en el rebuscamiento o la afectación, contiene la palabra exacta y que mejor expresa el contenido que se pretende transmitir.

■ Así, lo mismo se *dice* la verdad que un poema, un nombre, un número de teléfono, un lugar, una historia o un insulto; y se *dan* las gracias lo mismo que se *da* el apoyo, un alimento, una oportunidad e igual que las personas o las cosas *dan* lástima, problemas, golpes o resultado. Pero la verdad, además de decirse, se puede *declarar* o *manifiestar,* los nombres *se citan* o *se mencionan,* los poemas *se recitan* o *se declaman,* los lugares *se señalan, se indican, se revelan,* etc. Y del mismo modo, más expresivo que *dar lástima* resulta *inspirar lástima;* los datos *ofrecen, presentan, arrojan…* resultados; más rotundo que *dar golpes* es *asestarlos* o *propinarlos,* y mejor que *no dar problemas* es *no crearlos, no ocasionarlos* o *no originarlos.*

■ Un último síntoma de carencias verbales lo constituye el recurso a las palabras y expresiones de moda, aquellas que, sin ser erróneas, suplantan a otras voces más precisas o simplemente que permiten variedad estilística. Ejemplos diversos hemos ido apuntando en los capítulos precedentes, a los cuales se puede añadir ahora este manojo acopiado sin mucho esfuerzo:

- *emblemático*, en lugar de *destacado, relevante, significativo;*
- *en el marco de* en lugar de *dentro de;*
- *en otro orden de cosas* sustituyendo a *por otra parte, cambiando de tema;*
- *interferir* por *intervenir, inmiscuirse, injerir, entremeterse;*
- *prosperar* en lugar de *avanzar, progresar, adelantar, pasar, ser aprobado, triunfar;*
- *registrar* en lugar de *darse, producirse, suceder, ocurrir;*
- *remarcar* en lugar de *destacar, subrayar, llamar la atención sobre algo.*

6.3 Neologismos innecesarios

■ La creación de nuevos objetos, la aparición de nuevos conceptos o el establecimiento de nuevas relaciones entre los elementos ya existentes requieren de formas lingüísticas también novedosas que permitan formular con precisión lo que antes era inexistente. Surgen de este modo los neologismos, las palabras, expresiones o significados que se incorporan a una lengua para ajustarse a las nuevas necesidades comunicativas. El neologismo se convierte, por tanto, en una herramienta imprescindible para garantizar que la lengua se ajusta al ritmo cambiante de la sociedad.

■ El neologismo puede crearse mediante procedimientos gramaticales propios de la lengua, como la derivación o la composición, aunque no es infrecuente que se recurra al préstamo para las nuevas incorporaciones lingüísticas. No obstante, a menudo se crean neologismos innecesarios, pues la forma nueva no aporta ningún matiz significativo en relación con la ya existente. Se trata entonces de formas espurias o superfluas que conviene evitar. A los ejemplos citados al hablar de los préstamos (▶ **5.3**), se pueden añadir ahora otras creaciones autóctonas:

- *aperturar* por *abrir:*

  Se ha **aperturado** un nuevo centro comercial (preferible: se ha **abierto,** se ha **inaugurado**).

- *credibilidad* en lugar de *crédito:*

  Este actor goza de mucha **credibilidad** (preferible: goza de mucho **crédito**).

- *clarificar* por *aclarar:*

  Tú lo que debes hacer es **clarificar** tus ideas (preferible: **aclarar** tus ideas).

- *culpabilizar* por *culpar:*

  Deja de **culpabilizarte** porque te hayan despedido, que tú no tienes la culpa (preferible: deja de **culparte,** de **sentirte culpable**).

- *inicializar* por *iniciar:*

  El acto se **inicializó** con la lectura de un manifiesto (preferible: el acto se **inició, comenzó** con).

- *obstruccionismo* por *obstrucción:*

  La oposición se dedica al **obstruccionismo** de las propuestas del gobierno (preferible: se dedica a la **obstrucción** de, se dedica a **obstruir** las propuestas).

- *posicionamiento* en lugar de otras formas como *posición, actitud, postura, toma de postura:*

El gobierno mantiene un **posicionamiento** contrario a la reforma (preferible: mantiene una **postura** contraria, una **actitud** desfavorable o sencillamente **está** en contra de).

- *posicionarse* por *colocarse* o *situarse:*

El caballo se ha **posicionado** en tercera posición (preferible: se ha **colocado** tercero, se ha **situado** en tercer lugar, **va** tercero).

Casi todos los grupos políticos se han **posicionado** a favor de las medidas económicas (preferible: se han **mostrado** a favor).

- *problemática* por *problemas:*

La empresa tiene una **problemática** a nivel económico (preferible: tiene **problemas** económicos, se encuentra en graves problemas, se enfrenta a problemas económicos).

- *recepcionar* por *recibir, coger, atrapar:*

El guardameta ha **recepcionado** el balón con ambas manos (preferible: el guardameta ha **recibido**, ha **atrapado**, ha **capturado**, ha **cogido**... el balón).

- *temática* en lugar de *tema:*

La película aborda la **temática** de la violencia doméstica (preferible: aborda el **tema**, el **asunto**).

■ Si se observan los neologismos de la lista anterior, la adición de sufijos ha convertido la palabra original en una palabra con más sílabas. Esta tendencia a usar palabras cada vez más largas ha sido denominada «la moda del archisílabo», moda según la cual, a medida que una palabra va haciéndose habitual tiende a ser reemplazada sucesivamente por otra más larga pero de idéntico contenido semántico:

clima > climatología

límite > limitación

acción > actuación

complemento > complementación

referir > referenciar

capacidad > capacitación

límite > limitación

renuncia > renunciación

tema > temática > tematización...

problema > problemática > problematización...

■ Esta tendencia a la formulación ampulosa se ve también en la sustitución de los adverbios y preposiciones, de poco contenido fónico, que son reeemplazados por fórmulas más largas. Suele ser preferible la palabra más breve en casi todos los casos.

mejor:	que:
hoy	*actualmente, a día de hoy, en el día de hoy*
muy	*altamente, extremadamente, considerablemente*
para	*en aras de, con vistas a*
como	*en calidad de, por, a causa de*

■ Muestra de esta misma tendencia a la expresión amplificada y falsamente culta son las sustituciones de los verbos simples por circunloquios formados por el verbo más complemento.

mejor:	que:
notificar	*dar cuenta de algo*
poder	*estar en condiciones de*
avisar	*dar aviso*
comenzar, iniciar	*dar comienzo*
usar, utilizar	*hacer uso*
presentar	*realizar una presentación*
brindar	*realizar un brindis*
llamar	*realizar un llamamiento*
jugar	*realizar un partido*
viajar	*realizar un viaje*
reunirse	*tener una reunión*
pensar	*tener en mente*
saber	*tener conocimiento de algo*

§ 6.4 Tópicos, expresiones de relleno y otras construcciones superfluas

■ Constituye un defecto de estilo el empleo de expresiones que solo sirven para hinchar artificiosamente el texto sin añadir ningún contenido ni realce expresivo. Abundan en los enunciados orales y escritos expresiones que son directamente eliminables, como las que se indican en negrita en los ejemplos que siguen:

Se han producido **un total de** siete reuniones.

Lo mataron de **hasta** once puñaladas.

Para pintar la puerta utilizaremos **lo que** *es* un rodillo.

Se organizan importantes fiestas en **lo que viene siendo** la época de verano.

Llegó a la sala de prensa **juntamente** con su representante.

Es un asunto que, **de alguna manera,** conviene estudiar.

El cuadro quedó **como** muy bien, ¿verdad?

Ya te digo, **o sea,** es que me encuentro superbién.

■ Resultan también eliminables por superfluos los **adjetivos tópicos.** Uno no deja de preguntarse si las vacaciones han de ser siempre *merecidas,* si la actualidad solo puede ser *palpitante* o *rabiosa,* si la necesidad ha de ser *imperiosa* o *urgente,* si la colaboración es necesariamente *estrecha* o si todos los atascos son *monumentales.* Como siameses que no pueden separarse ni con operaciones quirúrgicas encontramos el *fiel reflejo,* una *verdadera* o *auténtica pena,* un *claro exponente,* la *pura verdad,* el *sincero pésame,* una *auténtica catástrofe,* la *plena confianza,* la *palpitante actualidad,* la *meridiana claridad,* la *especial virulencia,* el *ferviente deseo, dar cumplida cuenta,* los *recuerdos imperecederos* o *imborrables,* el *cese fulminante,* la *defensa numantina,* el *escote generoso,* la *tensa calma,* la *tónica general,* el *malogrado tenor…* Y no digamos nada del *marco incomparable,* la *defensa numantina,* la *apretada agenda* y, cómo no, un *largo etcétera.* En fin, quizá convenga que corramos un *tupido velo* para que no se convierta esta relación en una *auténtica pesadilla.*

■ Aún hay que añadir a la lista de elementos superfluos, y por tanto eliminables, las **metáforas manidas,** del estilo de *dar luz verde a algo, dar el pistoletazo de salida, añadir un granito de arena, entrar en una espiral de violencia, estar a la altura de las circunstancias, actuar sin trampa ni cartón, ser el secreto mejor guardado, la fiesta de la democracia* y tantas otras. Asimismo, contribuye a mejorar el estilo la supresión de clichés y fórmulas que han perdido el valor semántico que tuvieron en su origen, como *por activa y por pasiva, el ciudadano de a pie* o *el ciudadano anónimo, brilla por su ausencia, hubo un antes y un después, desde la más tierna infancia, en olor de multitud, a lo largo y a lo ancho,* etc. Sin duda produce empacho en el lector encontrarse ejemplos como estos *hasta en la sopa.*

Índices:

Temas, voces y expresiones
Voces y expresiones incorrectas

Guía práctica del español correcto

Instituto Cervantes

Índice de temas, voces y expresiones

Índice de voces y expresiones incorrectas

Guía práctica del español correcto | Índice de voces y expresiones incorrectas